님께

....

....

....
드립니다.

명견만리 미래의 기회 편

명견만리

우리가 준비해야 할 미래의 기회를 말하다

· 윤리, 기술, 중국, 교육 편 ·

KBS 〈명견만리〉 제작팀 지음

ℹNFLUENTIAL
인 플 루 엔 셜

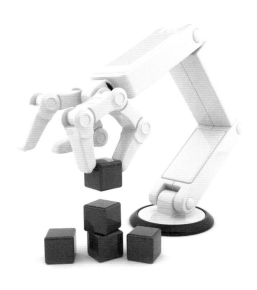

예상하지 못했던 미래,
우리가 가져야 할 통찰

세상은 늘 변하게 마련이다. 하지만 오늘날 세상이 변화하는 속도는 그 어느 때보다 빠르게 느껴진다. 스마트폰이 확산되고 수십억 인구가 엄지손가락으로 만들어내는 놀라운 협력 덕분에 세상은 이전과는 비교할 수 없을 만큼 엄청난 속도로 변하고 있다.

미래학자 버크민스터 풀러(Buckminster Fuller)는 '지식 두 배 증가 곡선(Knowledge Doubling Curve)'으로 인류의 지식 총량이 늘어나는 속도를 설명한다. 그에 따르면 인류의 지식 총량은 100년마다 두 배씩 증가해왔다. 그러던 것이 1900년대부터는 25년으로, 현재는 13개월로 그 주기가 단축되었다. 2030년이 되면 지식 총량은 3일마다 두 배씩 늘어나게 된다. 이른바 지식의 빅뱅이 일어나고 있는 것이다.

지식의 폭발적 증가를 배경으로 인류의 기술은 빠르게 발전하고 있다. 인간은 우주로 뻗어 나갈 채비를 해나가고 있고, 수명은 30년 이상 늘어날 것으로 예상된다. 빅데이터 분석기술이 진화하면서 인공지능은 더욱 빠르게 발전할 것이고, 이에 따라 인류의 노동도 새로운 국면을 맞이할 것이다. 정치, 경제, 기술 등 모든 영역이 새로운 개념들로 재구성되어 우리는 이제껏 인류 역사에 전례 없는 변화를 겪는 중이다. 바야흐로 변화무쌍의 시대에, 미래에 대한 호기심과 기대가 넘친다.

하지만 그와 동시에 이러한 변화를 맞이하는 개인은 불안과 두려움을 느낀다. 작은 개인이 감당하기에는 너무나 큰 변화가 매일같이 벌어지는 세상에서, 우리 삶이 어떻게 달라질지 한 치 앞을 예측하기 어렵기 때문이다. 이런 상황에서 미래를 내다보는 안목을 갖고 있다면 얼마나 좋을까? 누구나 미래를 궁금해하고, 앞날을 내다보는 안목을 키우고 싶어 하며, 그러한 안목을 갖춘 사람들의 지혜를 빌려서라도 불안을 잠재우고 싶어 한다.

미래를 내다보는 안목과 지혜가 절실한 시대. 불안과 두려움에 빠진 개인은 무엇을 할 수 있을까? 〈명견만리〉는 개인이 느끼는 이러한 절박한 위기감에서 시작했다.

• • •

〈명견만리〉를 만들며 미래를 성급히 예언하거나 예측하려 하지 않았다. 예언은 신관이나 무당의 영역이다. 우리는 허공이 아닌 현실에

발을 담그고, 가장 가까운 우리 삶의 풍경으로부터 미래를 비추는 단서를 찾아내고자 했다. 우리가 선택한 도구는 '트렌드'다.

〈명견만리〉는 각종 트렌드 속에 숨어 있는 변화의 방향을 주목한다. 그리고 그 과정에서 제기되는 아젠다를 다룬다. 트렌드란 '동향', '추세' 등으로 번역되는 용어로 주로 패션, 문화, 기술 등의 영역에서 사용된다. 〈명견만리〉에서 말하는 트렌드란 한때의 유행만을 의미하지 않는다. 우리 사회의 근본적 변화 방향과 관련되어 있다. 때로는 중대한 변화를 예고하는 의미심장한 전조와 같다. 사소해 보이는 트렌드일지라도 잘 들여다보면 중대한 사회변화의 징후를 읽어낼 수 있다.

예를 들어 최근 국내 화장품 업계 트렌드를 보면 중국 경제의 위상이 얼마나 높아졌는지가 보인다. 중국 경제 발전으로 유커(중국인 관광객)가 급증했고, 이들의 취향이 국내 제품의 성패를 좌우하는 가장 중요한 요소로 떠올랐기 때문이다.

요즘 정당과 기업 등이 생색을 내며 내세우는 '청년' 마케팅은 역설적으로 청년세대의 위기를 반영한 일종의 트렌드다. 저출산 고령화로 인한 인구구조 변화가 청년세대의 위기를 불러왔다. 이런 위기의식 속에서 앞다투어 '청년'을 내세우는 것으로 보인다.

또한 집밥 열풍이 불고 편의점 상품이 뜨는 것은 단순한 기호의 변화라기보다는 경제의 기조 변화를 반영한 트렌드다. 전 세계가 저성장국면으로 진입하면서 우리의 일상이 변화하고 있는 것이다.

이렇듯 소비, 정치, 문화 등 다양한 분야에서 생겨나는 각종 트렌드는 미래를 향한 여정에서 풍향계 역할을 한다. 따라서 트렌드를 포착하고 이에 숨어 있는 변화의 방향을 읽어냄으로써 사회 전체의 아젠다를 제시하는 것은 매우 중요한 의미를 가진다. 실제 현실에서 보이는 단서들을 통해 향후 인류가 만나게 될 미래에 대해 올바른 질문을 던지고 다른 해답과 가능성을 찾아가는 일. 이것이 〈명견만리〉가 하고자 하는 일이다.

. . .

명견만리(明見萬里)라는 사자성어는 뛰어난 통찰력으로 미래의 일을 환하게 살펴서 알고 있음을 뜻한다. 변화의 시대에 절실한 덕목이다. 하지만 만리(萬里)를 내다볼 수 있는 명견(明見)은 하루아침에 생겨나지 않는다. 더욱이 고립된 개인의 힘만으로는 어렵다. 인류가 쌓아온 지식과 통찰의 맥을 따라 동시대인들이 지혜를 모아낼 때 명견만리(明見萬里)가 가능해진다. 생각을 모으면 길이 보인다. 다행히 지금 세상은 인터넷과 SNS 등으로 촘촘하게 서로 엮여 있다. 손바닥 안의 스마트폰 속에서 인류의 생각과 실행의 결과들이 모여 거대한 변화의 물결이 만들어진다. 생각을 모아 더 좋은 길을 찾을 기회는 어느 때보다 열려 있다.

〈명견만리〉가 다루는 주제들에는 대체로 절박감이 배어 있다. 무한 질주하는 세상의 전망이 잘 보이지 않기 때문이다. 아마도 향후 50년 동안 인류는 이 책에서 다룬 주제들에 대해 끊임없이 고민하게 될 것이다. 하지만 지금 우리가 겪고 있는 초유의 변화도 결국 인류의 협력으로 만들어낸 것이다. 따라서 이 변화로 인해 생기는 절박한 문제가 있다면 그 역시 머리를 맞대고 함께 풀어갈 수 있다.

이 책은 그간 〈명견만리〉가 다룬 미래 사회의 주요 키워드들을 2편으로 나눈 것 중 그 두 번째 결과물이다. 인구, 경제, 북한, 의료 문제를 다룬 1편은 예상보다 독자들의 큰 호응을 받았다. 명견만리가 미래를 위해 던진 화두의 필요성을 그만큼 크게 느끼고 있는 것이다.

이번 2편에서는 윤리, 기술, 중국, 교육 문제를 다루었다. 먼저 윤리 파트에서는 자본주의 사회가 정글화되면서 생겨난 의외의 결과물로서의 '착한소비'에 주목하였다. 또한 앞으로 '김영란법'이 만들어낼 우리 사회의 변화를 짚어보고 세계적 트렌드로서의 '반부패'를 조명하였다.

기술 파트에서는 인공지능, 플랫폼 혁명 등 변혁의 물결이 거세질수록 우리에게 소통과 협력의 중요성이 커진다는 메시지를 던지고자 했다.

중국 파트에서는 전 세계의 가장 큰 소비자였던 중국의 영향이 우리 일상의 풍경을 어떻게 바꾸었는지부터, 향후 중국 경제의 변화를 예측하면서 우리 사회의 대응책을 고민해보았다.

교육 파트에서는 지식의 폭발 이후 세계적으로 새롭게 부각되고 있는 융합교육을 살펴보고, 그에 반해 아직 과거의 교육 방식에 묶여 있는 우리 교육의 현실을 짚어보았다. 이를 통해 미래가 요구하는 교육의 덕목으로서 '생각의 힘'에 주목하고자 했다.

그동안 명견만리는 경제, 인구, 기술 등 가까운 일상의 풍경부터 우리가 쉽게 접하지 못하고 예상 못 하는 이슈들까지 많은 주제를 다뤘다. 미래 사회의 모습과 우리 사회 공동체의 방향성을 고민하는 과정에서 만나게 된 결론이 있다. 결국 미래의 가장 중요한 키워드는 결국 '공존'과 '공생'이라는 것. 인류가 이제껏 한 번도 경험해보지 못한 이 초유의 변화에서 살아남기 위해서는 '함께하는' 수밖에 없기 때문이다.

타인과 소통하고 협력함으로써 만들어내는 새로운 가치 그리고 이를 독점하고 사유화하는 것이 아니라 끊임없이 나누려는 자세야말로 불안한 미래를 준비하는 최고의 덕목일 것이다.

• • •

우리 사회의 절박한 미래 이슈를 다루겠다는 야심찬 포부를 가지고 프로그램을 시작했다. 〈명견만리〉가 제기한 미래 이슈들이 나름 화제가 되기도 했다. '인구 감소로 인한 청년문제', '중국의 부상', '김영란법의 미래'와 '베이비붐 세대 은퇴폭탄' 그리고 '일자리가 사라지는 트렌드'에 이르기까지 우리 사회의 절박한 아젠다를 효과적으로 공론화했다는 평이 이어졌다. 이 과분한 성과는 제작진과 프리젠터 그리고 미래참여단이라 불리는 청중단이 진정성 있는 참여를 통해 함께 이뤄낸 결과다. 경제, 과학, 남북관계 등 예전에는 소수 엘리트 집단이 독점해오던 이슈들을 대중의 장으로 끌고 나와 공론화시킴으로써 이른바 시민적 담론의 가능성을 확인할 수 있었다.

특히 1만 6000여 명에 이르는 미래참여단(〈명견만리〉의 청중단)의 진정성 있는 참여가 회를 거듭할수록 두드러졌다. 이들의 역할이야말로 '생각을 맞대면 길이 보인다'는 명견만리의 지향을 잘 보여준다고 하겠다.

• • •

이 책은 그동안 제작진이 쏟아부은 치열한 노력의 조각들을 모두 쓸어 담은 것이다. 〈명견만리〉가 단순한 강연이 아니기에 제작진은 한 편의 프로그램을 위해 적게는 두 달, 많게는 다섯 달에 걸쳐 저인망식으로 자료조사와 취재를 진행했다. 해당 미래 이슈들을 취재하면서 제작진이 느낀 절박한 감정들 그리고 TV 매체의 속성상 미처 담지 못한 진솔한 이야기들을 이 책을 통해 충분히 전달하려 했다. 풍부한 지식이 담긴 전문서보다는 통찰의 단서를 발견하기 위한 취재노트라고 할수 있겠다. 이 책을 읽는 분들이 부디 〈명견만리〉 제작진의 진정성을 발견할 수 있길 바란다.

정현모 KBS 〈명견만리〉 팀장 프로듀서

커피 한 잔은 내가 마시고 또 한 잔은 다른 사람에게 기부하는 카페. 사진을 한 번 찍을 때마다 소외계층의 사람들에게 촬영권을 주는 사진관. 네 곳에 불과했던 카페가 백 곳이 되고, 기부하는 가게들이 업종을 불문하고 늘고 있다. '필요한 것을 사는 소비'를 넘어 '나의 가치를 표현하는 소비' 시대. 착한소비를 그저 이타적인 행위로만 볼 것인가.

이 점수가 1점 높아지면 1인당 GDP가 연평균 0.029포인트 상승한다. 반면 이 점수가 낮아질수록 투자는 줄어들고 큰 재난이 일어날 확률은 높아진다. 이 점수는 바로 부패인식지수다. 대한민국의 점수는 100점 만점에 56점. 왜 우리는 계속 선진국의 문턱에서 주저앉고 있는가. 그 답을 우리의 윤리에서 찾는다.

2부 – 기술 Technology

2008년 러시아에서는 인공지능이 쓴 소설이 베스트셀러가 되었고, 가사만 입력하면 30초 안에 인공지능이 작곡한 음악을 받을 수도 있다. 일본에서는 전 직원이 로봇인 호텔도 성업 중이다. 인공지능 시대는 이미 인류에게 도래했다. 우리 삶이 인류를 닮은 인공지능과 조화를 이루려면 어떤 준비를 해야 할까.

엄청난 인력과 자본, 시간을 들여 신차를 만들고, 기능과 디자인을 꽁꽁 숨겨두었다가 화려한 신차발표회를 열어 세상에 공개한다. 그러나 이제까지와 정반대되는 사례가 있다. 직원은 단 열두 명. 창업 18개월 만에 사막 경주용 자동차가 만들어졌다. 도대체 이런 일이 어떻게 가능했을까.

에디슨이 만든 130년 전통의 GE는 이제 자신들이 '기계'를 만드는 회사가 아니라 '소프트웨어' 회사라고 말한다. 스마트폰을 만드는 애플과 검색 서비스 기업 구글은 자동차 생산을 준비하고 있다. 이처럼 서로의 경계를 넘나드는 스마트 제조업의 시대. 인류가 맞이한 4차 산업혁명은 어떤 미래를 만들어낼 것인가.

4부 — 교육 Education

윤리
Ethics

明見萬里

착한소비,
내 지갑 속의 투표용지

—

'호모 에코노미쿠스'는 왜 경제적 손해를 선택하는가

明見萬里

커피 한 잔은 내가 마시고 또 한 잔은 다른 사람에게 기부하는 카페.

사진을 한 번 찍을 때마다 소외계층의 사람들에게 촬영권을 주는 사진관.

네 곳에 불과하던 카페가 백 곳이 되고,

기부하는 가게들이 업종을 불문하고 늘고 있다.

'필요한 것을 사는 소비'를 넘어 '나의 가치를 표현하는 소비' 시대.

착한소비를 그저 이타적인 행위로만 볼 것인가.

착한소비,
내 지갑 속의 투표용지

'호모 에코노미쿠스'는 왜 경제적 손해를 선택하는가

얼굴도 모르는 사람들이 서로를 위로하는 달콤창고

—

사탕, 초콜릿, 과자가 옹기종기 늘어서 있다. 메모지에 쓴 손편지도 보인다. '힘내세요', '행복하세요' 같은 응원의 글도 있고, 감사 인사가 적힌 쪽지도 있다.

이러한 풍경을 볼 수 있는 곳은 뜻밖에도 지하철의 한 물품보관함. 수많은 사람들이 잠시 물건을 보관하는 용도로 사용하는 물품보관함이 특별한 공간으로 변신한 것은 2015년이다. 소셜 다이어리 앱 '어라운드'의 한 사용자가 서울 지하철 2호선 강남역의 물품보관함에 초콜릿을 넣어두었으니 누구든 꺼내먹으라는 글을 올리면서부터다.

이 소소한 나눔에 감동받은 사람들이 동참했고, 달콤한 간식을 먹고 힘내라는 의미에서 '달콤창고'라는 이름이 붙었다. 한 달에 5만 원인 물품보관함 대여료를 기꺼이 지불하는 사람들과 가벼운 주머니를 털어 얼굴도 모르는 타인을 위해 간식을 넣어두는 사람들 덕분에 달콤창고는 전국 지하철역을 중심으로 퍼져나갔고, 불과 몇 달 만에 백여 곳으로 늘어났다.

달콤창고는 지하철 물품보관함을 벗어나 대학교 안 사물함에도, 지하상가의 양말가게 한 구석이나 조그만 김밥가게 안에도 터를 잡았다. 이용하는 사람도 다양하다. 여섯 살 어린아이가 사탕을 두고 가기도 하고, 취업준비생이나 수험생이 자신과 비슷한 처지의 사람들을 위해 간식을 나누기도 한다. 달콤창고의 위치와 비밀번호는 어라운드 앱을 통해 확인할 수 있다.

달콤창고에 누가 간식을 가져다 놓고 또 가져가는지는 아무도 모르지만, 이 공간을 통해 익명의 사람들이 서로를 위로하며 마음을 나누고 있었다. 어떻게 일면식도 없는 사람들끼리 살갑게 챙겨주고 따뜻한 말을 건넬 수 있을까? 이기기 위해 남을 밟고 올라서야 하는 무한경쟁의 시대에 달콤창고는 이해하기 힘든 낯선 흐름이다.

지금 우리 사회의 갑갑한 현실을 마주하면 더욱 그러하다. 한 나라 국민이 겪는 경제적 고통의 정도를 보여주는 지표가 있다. 실업률과 물가상승률을 토대로 산출되는 '체감경제고통지수'가 그것인데, 지수가 높을수록 경제적 고통이 심하다는 뜻이다. 우리나라의 체감경제고통지수는 2006년 13포인트에서 점점 올라 2015년에는 22포인트까지 치솟았다. 국민이 느끼는 경제적 고통이 해가 갈수록 큰 폭으로 증가했다는 증거다. 생활이 넉넉해지기는커녕 점점 더 어려워지는데, 이렇게 강자만이 살아남는 정글 속에서 사람들은 왜 자신이 가진 것을 남과 나누려고 할까?

국가 부도 위기를 겪은 그리스에 생긴 백 개의 카페

—

누군지도 모르는 사람에게 자신이 가진 것을 기꺼이 내어놓고, 아무도 알아주지 않는데 남을 돕기 위해 스스로 움직이는 사람들. 그런데 이런 모습은 비단 우리 사회만의 이야기가 아니다.

독일에 가면 가정집에 있어야 할 냉장고가 길거리에 놓인 것을 볼 수 있다. 안에는 각종 채소를 비롯해 먹을거리가 가득 채워져 있다. 누군가가 음식물을 넣어두면 필요한 사람이 언제든 가져갈 수 있도록 설치된 '나눔 냉장고'다. 독일 전역에 백여 개가 있다.

확실한 것은 이런 현상이 몇몇 착한 사람들만의 선행이 아니라는 사실이다. 풍족한 사람들이 여유를 부리며 하는 행동도 아니다. 지극히 평범한 사람들이 만들어내는 새로운 일상의 풍경이다.

흔히 곳간에서 인심 난다고 한다. 내가 가진 것이 풍족해야 남에게도 베풀 수 있다는 의미다. 그런데 전 세계가 저성장의 늪에 빠진 지금, 내 이익이 아닌 타인의 이익을 위해 행동하는 이 아이러니를 어떻게 설명할 수 있을까? 기존의 관념이나 잣대로는 설명되지 않는 이 낯선 움직임의 실체를 파악하기 위해 최근 국가 부도 위기를 겪은 그리스로 가 보자.

그리스 경제는 회복의 기미를 보이지 않고 있다. 2015년 국가 부도 위기를 겪으며 경제가 곤두박질친 뒤로, 여전히 경제성장률이 마이너스를 기록하고 있고 실업률은 25퍼센트에 육박했다. 이쯤 되면 모두가 자기 실속만 챙기느라 각박해질 것이라 생각하기 쉽다. 하지만 그리스인들의 선택은 달랐다.

그리스에는 주머니 사정이 여의치 않아도 커피를 마실 수 있는 카페가 있다. 커피를 마시러 온 손님들이 종종 자신이 마신 커피값 외에 한 잔 값을 더 지불하곤 한다. 이른바 '서스펜디드 커피(Suspended coffee)'다. 커피를 사 마실 돈이 없는 노숙자나 실직자 등 가난한 이웃을 위해 미리 돈을 내고 '맡겨두는 커피'다.

누군가를 위해 서스펜디드 커피값을 지불한 사람은 그 증표로 '힘내세요'와 같은 응원의 쪽지를 남겨둔다. 그러면 커피를 마시고 싶은 사람이 그 쪽지를 구매권처럼 사용할 수 있다.

처음에 네 곳으로 시작한 서스펜디드 카페는 이제 그리스 전역에 걸쳐 백여 개가 넘는다. 그리스에서 처음으로 서스펜디드 카페 운동을 시작했던 알레판티스 씨조차도 서스펜디드 카페가 이토록 급속도로

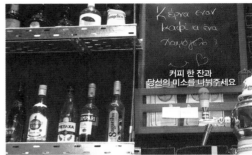

커피를 마시러 온 손님이 두 잔의 커피값을 지불하고 쪽지를 붙여 놓으면 커피를 필요로 하는 사람이 그 쪽지를 사용해 주문할 수 있다. 익명의 친구가 선물하는 커피 한 잔인 셈이다.

자리 잡을 거라고는 예상하지 못했다. 그가 처음에 이 운동을 시작한 이유는 아주 간단했다. 직장과 재산을 잃고 집 밖으로 나올 엄두를 내지 못하는 사람들에게 나와서 커피 한 잔 하며 이웃과 어울리고 기분 전환을 하라는 것이었다. 동정이 아니라 관심 어린 선물이었다.

우리 삶에는 생존을 위한 빵뿐 아니라 삶의 아름다움이라는 장미도 필요하다. 힘든 누군가가 생존을 위한 투쟁 속에서도 커피 한 잔의 여유를 갖기를 바라는 마음. 그 마음이 모여 서스펜디드 커피라는 착한 소비를 가능하게 했다. 경제위기에도 서스펜디드 카페가 늘어나는 이유는, 경제적 어려움을 겪는 사람이 늘어난 만큼이나 그러한 이웃을 생각하고 함께 고통을 나누려는 사람이 많아졌기 때문이다.

사실 서스펜디드 커피가 처음 생겨난 것은 그리스가 아니라 제2차 세계대전 직후 이탈리아 남부 나폴리에서였다. 당시 전쟁의 공포와 고통에 빠진 사람들을 위해 생겨났는데 그 뒤로 한동안 잊혔다가 2008년 세계 금융위기를 계기로 다시 한 번 큰 붐이 일었다. 그리스에서뿐 아니라 미국, 영국, 호주, 캐나다 등 세계 곳곳에서 서스펜디드 커피를 만날 수 있으며, 불가리아에서는 150개 이상의 카페가 동참하고 있다.

경제가 어려울수록 착한소비가 늘어난다?

＿

이렇듯 가장 이해득실을 따지게 되는 소비 행위를 할 때도 사람들은 이전과 달리 합리적이지 않은 행동을 한다. 게다가 정말 역설적이게도 위기가 닥칠 때 사람들의 착한 움직임은 더욱 커진다.

경제가 나빠질 때 착한소비의 패턴이 어떻게 변하는지를 분명하게 보여주는 그래프가 있다. 전 세계 공정무역 매출액은 지난 2004년 이래 꾸준히 증가해왔는데, 특히 2008년 이후 금융위기의 여파로 세계 경제성장률이 마이너스로 돌아섰을 때 놀랍게도 공정무역 매출액은 오히려 증가 추세를 보였다.

우리나라 상황도 이와 다르지 않다. 우리나라의 공정무역 매출액은 2008년에서 2009년까지 1년 사이 무려 210퍼센트나 증가했다. 경제가 안 좋을 때 타인을 생각하는 착한소비가 오히려 늘어나는 이상한 현상이 벌어진 것이다.

서울 서촌에 위치한 카페 '투포인트 커피'에서는 공정무역 커피를

◆ 세계 경제성장률 & 공정무역 매출액

2008년 이후 세계는 금융위기의 여파로 경제성장률이 마이너스로 돌아섰는데, 경제가 극도로 악화된 상황에서도 공정무역 매출액은 증가세를 보였다.

판매한다. 공정무역 커피는 실제 커피를 재배하는 농부에게 정당한 가격을 지불하고 사오는 것이다. 커피는 세계에서 석유 다음으로 교역량이 많은 품목이지만, 산유국이 부유한 것과 달리 커피를 재배하는 나라의 국민들은 아주 가난하다. 다국적 대기업과 중간 유통업체가 폭리를 취하면서 커피 재배농에게는 말도 안 되게 적은 금액을 지불하기 때문이다. 불공정한 거래 탓에 농민들은 커피콩 1킬로그램에 1달러를 받기가 어렵다.

이러한 사실은 전 세계가 공정무역의 중요성에 눈 뜨는 계기가 되었다. 한국에도 공정무역 커피 전문 체인점이 들어설 정도로 관심이 커졌고, 오늘날 국내 공정무역 커피 시장 규모는 50억 원에 달한다.

투포인트 커피에서 사용하는 원두는 모두 아프리카 산, 그 가운데서도 케냐 산이 대부분이다. 투포인트라는 이름처럼 중간거래를 없애고 생산자와 소비자를 바로 연결하기 위해 전 물량을 커피 농장에서 직수입한다. 덕분에 커피 농부는 1킬로그램당 3~7달러를 받을 수 있게 되었다고 한다.

투포인트 커피는 농민에게 정당한 대가를 지불하는 것 외에도 학교에 우물 파기 등 공동체를 변화시킬 수 있는 일을 하면서 카페 수입의 30퍼센트가량을 아프리카에 환원한다. 실제로 학교 안에 우물이 생기자 학생들이 하루에 두 시간 이상 걸어서 옆 마을로 물을 길으러 가지 않아도 되어 중학교 진학률이 두 배로 늘어나기도 했다. 또 직거래를 하면서 농민들도 자부심을 갖고 커피 품질을 높이기 위해 더 노력하고 있다고 한다.

공정무역 취지에 공감하는 소비자가 점점 늘어나면서 매년 투포인트 커피가 수입하는 커피콩 물량이 30퍼센트가량씩 늘고 있다. 커피한 잔을 마시는 사소한 소비 행위에도 자기만의 가치를 표현하고 싶어하는 욕구가 늘고 있다.

사람들은 왜 '착한 것'에 돈을 쓸까?

—

신발 브랜드 '탐스'는 의미 있는 소비를 하려는 사람들의 열망을 보여주는 좋은 예다. 탐스의 창립자 블레이크 마이코스키는 아르헨티나를 여행하다가 맨발로 다니는 수많은 아이들을 보고 그 아이들을 돕고자 2006년 조그만 신발 회사를 만들었다. 그리고 신발 한 켤레를 팔 때마다 아르헨티나 등의 빈곤국 아이들에게 한 켤레를 나눠주는 일대일 기부(one for one) 운동을 펼쳤다.

처음 탐스의 기부 목표량은 200켤레에 불과했다. 하지만 신발 한 켤레를 구입함으로써 아이들에게 새 신발을 선물할 수 있다는 사실은 큰 반향을 불러일으켰다. 탐스 신발은 창립 6개월 만에 1만 켤레가 판매되었고, 창립 8년이 된 2013년에는 1000만 켤레 째의 신발을 선물할 수 있었다.

한국에도 이와 비슷한 기부 방식을 적용한 곳이 있다. 서울 마포구에 위치한 '바라봄 사진관'은 고객이 사진을 찍을 때마다 장애인, 미혼모, 다문화가정, 독거노인 등 소외계층의 사람들에게 촬영권을 준다.

바라봄 사진관을 운영하는 나종민 씨는 마음 편히 가족사진을 찍고 싶다는 어느 장애인의 말에 소외된 사람들을 위한 사진관을 열기로 결심했다고 한다. 누구라도 스마트폰으로 사진을 찍을 수 있는 세상이지만 남의 시선이 두려워 쉽사리 사진을 찍지 못했던 사람들에게 예쁜 사진을 찍어주고 싶었던 것이다.

일대일 기부 방식을 도입하자 손님도 늘어났다. 같은 가격에 좋은 일까지 할 수 있다는 사실이 사람들을 움직였다. 심지어 추가로 돈을 기부하면서 소외된 이웃을 위한 사진을 더 많이 찍어달라고 부탁하는 사

사람들은 물건을 살 때 가격뿐 아니라 어떤 가치가 담겨 있는지도 함께 고려한다. 그리고 그 가치를 SNS를 통해 적극적으로 알리고 표현한다. 착한소비가 빠르게 확산될 수 있는 이유다.

람들도 꽤 있다. 바라봄 사진관과 같은 일대일 기부를 포함해, 정기적으로 기부에 참여하는 가게들은 매년 급격하게 늘어나고 있다.

한편 기발하고 재미난 방식의 기부도 있다. 재미(fun)와 기부(donation)를 합친 퍼네이션(funation)이라는 새로운 용어까지 등장했다. 기부시계로 유명한 '원페이스워치'는 시계를 사면 그 수익금이 자동으로 자선단체에 기부된다. 재미있는 것은 시계 색깔에 따라 기부 대상이 달라진다는 점이다. 덕분에 시계 색깔을 고르는 것이 소비자에게 특별한 의미를 준다. 에이즈 환자를 위해서는 빨간 시계를, 유방암 환자를 위해서는 분홍 시계를, 굶주린 아이들을 위해서는 흰색 시계를 사면 된다. 시계의 색깔은 총 아홉 개로, 각 자선단체의 공헌을 나타내는 색상으로 디자인되어 있다.

착한소비가 이렇게 빠른 속도로 확장될 수 있는 데는 SNS가 결정적인 기여를 했다. SNS에서 수많은 익명의 사람들이 서로 관계 맺고 소통하고 교류한다. 앞서 얘기한 기부시계를 산 사람들은 SNS에 인증샷을 올린다. 자신이 이렇게 근사한 시계를 샀다는 걸 자랑하고 싶은 마음도 있을 것이고, 이 시계의 가치를 다른 사람들과 나누고 싶은 마음도 있을 것이다. 어떤 이유에서든 사람들은 이제 SNS를 통해 자신이 무엇을 소비하는지, 또 어떤 가치를 위해 소비하는지를 적극적으로 알리고 표현한다. 바로 이것이 착한소비가 확산되고 착한 가치들이 더욱 빠르게 전파되게 하는 가장 큰 힘일 것이다.

낡은 폐방수천 가방을 비싸게 사고
공정한 스마트폰을 사기 위해 6개월을 기다린다

—

과거와 다른 방식으로 소비하는 사람들은 이제 가격을 뛰어넘는 새로운 가치에 주목한다. 비록 경제적인 선택이 아닐지라도 그 가치가 합당하다고 생각하면 기꺼이 지갑을 연다.

스위스에서 '국민 가방'이라고 불릴 정도로 많은 사람이 메고 다니는 '프라이탁' 가방의 주재료는 3000여 곳의 트럭회사에서 보내오는 폐방수천이다. 놀라운 것은 수십만 원이 넘는 가방의 가격이다. 매장에서 갓 구입한 새 제품이라도 폐방수천으로 만들었기 때문에 세월의

흔적이 고스란히 묻어나는데, 꽤나 부담스러운 값을 지불하고 이러한 가방을 구매하는 이유가 무엇일까?

1993년 설립된 프라이탁은 모든 것을 철저히 재활용한다는 원칙을 지킨다. 가방의 겉면은 트럭의 방수천으로, 가방 끈은 자동차 안전벨트로, 가방 테두리는 폐자전거의 튜브를 이용해 만든다. 세탁할 때조차 모아둔 빗물을 사용한다.

게다가 방수천의 무늬가 저마다 다르다 보니 모든 제품의 디자인이 다르게 나온다. 세상에 단 하나뿐인 가방인 셈이다. 이 가방을 구입하는 사람들은 폐기물이 독창적인 가방으로 변신했다는 의미에 열광한다. 자신의 개성을 표현하는 동시에 친환경적인 가치에도 동참할 수 있기 때문이다. 가방을 사면서 그 제품에 담긴 친환경적 가치를 함께 구매한 것이기에 비싼 값을 기꺼이 지불한다. 또 프라이탁은 공정무역을 지향하며, 제3세계 국가의 노동력을 착취해 제품 가격을 내리는 대신 자국 노동자에게 정당한 임금을 주고 가방을 만든다.

프라이탁 가방과 같이 버려지거나 쓸모없는 물건을 전혀 새로운 가치를 지닌 제품으로 재탄생시키는 것을 업사이클링(up-cycling)이라고 한다. 개선(upgrade)과 재활용(recycling)의 합성어다.

우리나라에도 다양한 업사이클링 업체가 있다. 2008년 설립된 사회적 기업 '터치포굿'은 버려지는 페트병으로 재생 폴라폴리스 담요를 만들고, 현수막으로 가방과 파우치, 슬리퍼를, 지하철 스크린도어에 붙었던 광고 필름으로 클리어 파일을, 이면지로 접착 메모지를, 컴퓨터 부품으로 냄비받침을, 불량 양말로 마우스 손목 패드를 만든다. 그뿐 아니라 업사이클을 알리고 실천할 수 있도록 청소년 등을 대상으로 한 환경교육 프로그램도 운영하고 있다.

그런가 하면 착한소비는 21세기 첨단산업의 핵심이라고 할 수 있는 스마트폰 산업에도 나타나고 있다. 네덜란드 암스테르담에 본사를 둔 '페어폰(FairPhone)'은 이름에서 짐작할 수 있듯이 공정한 폰을 지향한다. 페어폰은 2013년 사회적 기업으로 출발해, 같은 해 페어폰 1을 출시했고 2015년 페어폰 2를 출시했다.

페어폰에서 가장 먼저 눈에 띄는 특징은 드라이버 하나만으로 누구나 쉽게 분해할 수 있는 조립폰이라는 점이다. 화면이 깨지거나 카메라가 작동을 멈추었거나 업그레이드가 필요할 때 부품을 쉽게 교체하고 조립할 수 있도록 했다. 미국의 전자제품 수리 전문업체인 아이픽스잇은 페어폰 2에 수리 편의성 면에서 10점 만점을 주었다.

또 페어폰은 스마트폰에 케이스를 결합해서 떨어뜨려도 화면이 잘 깨지지 않게 하는 등 가능한 한 오래 쓸 수 있게 디자인했다. 그동안 스마트폰과 같은 첨단산업 분야에서 가장 중시되는 가치는 혁신이었다. 업체들은 끊임없는 기술 개발과 혁신을 통해 시장에서 우위를 점하고자 경쟁을 펼쳐왔다. 신제품도 금방 구닥다리가 되어버렸고 소비자는 새 제품을 비싼 가격에 다시 구입해야 했다. 하지만 페어폰은 철저히 소비자의 입장을 고려해 최대한 오래 쓸 수 있는 스마트폰을 만들고자 했다. 오래 사용하는 스마트폰은 당연히 환경에도 도움이 된다.

페어폰이 공정할 수 있는 또 다른 이유는 바로 착한 광물을 쓴다는 점이다. 아프리카의 저개발국가에서 착취 노동으로 생산된 광물이나 독재정권의 통치 자금을 마련하기 위해 채굴된 광물은 사용하지 않는다. 덮개에 가려 보이지 않는 내부에서도 공정함을 추구하고자 한 것이다. 페어폰은 스마트폰을 만드는 노동자의 근로 여건이나 급여 등에서도 공정함을 지켜가며 일하는 사람의 땀방울을 소중히 여기고 대우한다. 중국의 페어폰 조립업체 노동자들을 위해 복지기금을 조성하고 스마트폰 가격에 복지 증진을 위한 할증료를 붙였다.

페어폰은 캠페인을 통해 선주문을 받아 스마트폰을 제작했다. 소비자들은 선주문 후 제품을 손에 쥐기까지 6개월이라는 기간이 걸렸지만 페어폰의 가치에 동의했기에 기꺼이 그 시간을 감내했다. 그 결과 페어폰 1의 경우 목표했던 2만 5000대 판매를 달성했고 누적 판매 6만 대라는 작지 않은 성과를 일궜다.

나의 행위가 타인과 세상에 미치는 영향을 생각한다

—

착한소비가 오늘날 세계적 트렌드임에는 분명하다. 하지만 한편으로는 이것이 반짝 유행에 그치지는 않을지, 과연 언제까지 지속될지 의문이 드는 것도 사실이다.

그동안 경제학에서는 합리적인 선택을 하는 것, 즉 자신에게 가장 이익이 되는 쪽을 선택하는 것이 '호모 에코노미쿠스'인 인간의 본성이라고 여겨 왔다. 경제학의 아버지라 불리는 애덤 스미스는 역시 1776년 발간한 《국부론》에서, 우리가 저녁식사를 기대할 수 있는 것은 정육점 주인이나 양조업자, 제빵업자의 자비심 때문이 아니라 그들이 자기 이익을 중시하기 때문이라고 했다. 경제활동의 바탕에 인간의 이기심이 자리 잡고 있으며 우리 사회의 발전도 이기심을 바탕으로 이루어진다고 본 것이다. 이런 관점에서 본다면 착한소비는 결코 이해할 수 없는 이상한 행동이다.

그런데 1982년 독일 훔볼트 대학의 베르너 구스 연구팀이 개발한 최후통첩 게임(Ultimatum game)은 인간 본성에 관한 또 다른 접근법을 제시한다. 실험 방법은 이러하다. 피실험자를 A(제안자)와 B(응답자)로 구분한 뒤, A에게 10만 원을 주고 B와 나눠갖게 한다. 얼마를 주든 A의 마음대로다. 단, B가 돈을 받기를 거절하면 두 사람 모두 한 푼도 받을 수 없다.

과연 A는 B에게 얼마를 제시할까? B는 A가 제시한 금액이 0원이 아닌 이상 무조건 받는 것이 이득인데도 거절할까? 경북대 최정규 교수가 성인 50명을 대상으로 최후통첩 게임을 실험했다. 결과는 놀랍다. A집단 25명 가운데 무려 21명이 5만 원 이상을 건넸고, 2~3만 원을 나눠준 경우에는 B가 돈을 거부하기도 했다. 그냥 받으면 공돈이 생기는데도 그저 불공정하다는 이유로 거부한 것이다.

이 실험의 일반화를 위해 각종 다양한 집단을 대상으로 실험을 진행했던 독일 쾰른 대학 경제학과의 악셀 오켄펠스 교수는, 아마존의 원주민부터 프랑크푸르트에 있는 은행가에 이르기까지 모든 대륙에서 천 번이 넘는 실험을 했지만 결과는 항상 같았다고 밝혔다. 물론 돈의 액수를 달리해도 실험 결과는 같았다.

이 실험은 인간의 행동과 의사가 매우 다양한 요인에 의해 결정된다는 사실을 알려준다. 지금까지 최소 비용으로 최대 만족을 얻으려 하고 이기심을 가진 것이 인간의 본성이라고 여겼지만, 인간은 때로 이익을 포기하더라도 공정함을 기준으로 행동하고, 자신의 선택이 사회적으로 어떤 영향을 미칠지를 고려해 행동한다.

애덤 스미스 역시 그의 다른 저서 《도덕감정론》에서 인간의 또 다른 속성에 대해 이야기한 바 있다. 인간에게 이기적인 본성이 있지만 그와 동시에 상반되는 속성도 존재하는데, 타인의 운명에 관심을 갖거나 타인의 행복을 필요로 한다는 것이다. 다시 말해 애덤 스미스는 인간에게 타인과 교류하고 공감하는 이타심도 분명 존재한다고 강조했다.

경제학이 이제껏 인간의 이기적 본성을 부각시켜왔던 것은 모두가 자기 위치에서 자기 이익을 추구하면 그것이 건강한 경쟁을 통해 모든 사람에게 행복을 가져다줄 것이라고 믿었기 때문이었다. 하지만 이기심을 바탕으로 한 경쟁은 기대와 달리 환경 파괴, 물질 숭배, 지나친 경쟁, 인간성 상실 등 온갖 문제를 발생시켰다.

지금 세계 곳곳에서 나타나는 착한소비 움직임은 그동안의 이기적 선택에 대한 반성과 함께 이타심이라는 인간 본성이 발현된 것이라고 할 수 있다. 경제가 어려울수록 착한소비가 더욱 확산되는 이유 역시 여기서 찾을 수 있다.

나의 소비가 사물의 가치와
세상의 미래를 바꿀 수 있다면

—

물론 아직까지 착한소비가 전체 소비에서 차지하는 비중은 그리 크지 않다. 거대 기업의 힘이 막강하고 대다수의 소비자들이 거기에 길들여져 있기 때문이다. 하지만 소비 문화가 달라지고 있고, 그 변화는 점차 커질 것이다.

2010년 작은 스타트업으로 출발한 독일 회사 '위그린'은 빅데이터에 기반해 전 세계 수백만 개 제품이 얼마나 착한 가치를 지니고 있는지 알려준다. 품질 승인 기관이나 비영리단체, 소비자단체로부터 제공받은 정보를 바탕으로 소비자가 자신이 구매하고자 하는 제품의 가격이나 품질뿐 아니라 환경, 공정무역, 인권 등 지속가능성 측면까지 투명하게 알 수 있도록 한 것이다.

이용 방법은 간단하다. 소비자가 스마트 앱으로 상품의 바코드를 스캔하기만 하면 된다. 문제가 있다고 여겨지는 제품은 빨간색, 추천하기 애매한 제품은 노란색, 제작 과정에 문제가 없고 친환경적인 제품

왼쪽은 페어폰으로, 드라이버 하나만 있으면 누구나 쉽게 분해할 수 있기 때문에 부품 교체가 쉬워 오래 사용할 수 있다. 그만큼 환경에도 도움이 된다. 오른쪽은 상품이 얼마나 윤리적인지를 보여주는 위그린 앱을 사용해 쇼핑하는 모습.

은 초록색이 뜬다.

위그린의 사용자는 점점 늘어 2016년에는 하루 사용자가 7만 5000명에 이르렀는데, 그중 80퍼센트 이상이 녹색 제품을 선택한다. 소비자의 선택에 기업도 반응했다. 사람들이 가장 많이 스캔한 제품이 코코아 스프레드인 누텔라였는데, 제작사인 페레로 사는 100퍼센트 불공정 거래로 구입한 견과류로 누텔라를 만들고 있었기에 빨간색을 받을 수밖에 없었다. 이후 페레로는 적은 비율이나마 지속가능성을 인증받은 견과류를 사용하는 쪽으로 방향을 바꾸었다.

사람들은 이제 가격이나 품질이 아무리 좋아도 비인간적이고 이기적인 과정을 거쳐 만들어진 물건이라면 더 이상 그것을 소비하려 들지 않는다. 기업들도 예전보다 훨씬 더 가치지향적인 경영을 해야 한다. 세계적인 커피 브랜드 스타벅스는 2000년대 초반 제3세계 커피 농부

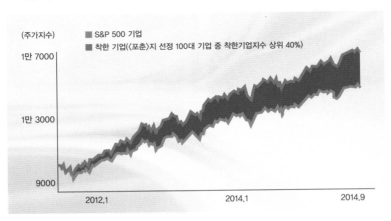

◆ 착한 기업 vs S&P 500 기업 총 주식수익

(주가지수)
■ S&P 500 기업
■ 착한 기업(《포춘》지 선정 100대 기업 중 착한기업지수 상위 40%)

1만 7000

1만 3000

9000

2012.1   2014.1   2014.9

기업이 착한 가치를 추구하다 보면 손해를 보고 경쟁에서 뒤처질 거라고 생각하기 쉽다. 그러나 기존의 통념
과 다르게 착한 기업들이 더 높은 주식 수익을 올리고 있으며 그 격차도 점차 커지고 있다.
(출처: Goodcompany index)

들을 정당하게 대우하지 않는다는 사실이 알려지면서 엄청난 지탄을
받은 후, 공정무역 커피를 도입하며 친환경 기업의 이미지를 만들어나
갔다. 박리다매 전략을 앞세워 세계 최대의 유통업체가 된 월마트는
2007년 '돈은 아끼되 삶의 질을 높이라(Save Money, Live Better)'는 새로운
슬로건을 내걸었다. 싼 가격만 내세워서는 소비자를 붙잡을 수 없음을
깨달은 것이다.

물론 착한 가치를 내세운다고 해서 기업이 선한 의도와 목적을 갖게
되었다고 보기는 어렵다. 이것이 윤리경영이 아니라 이미지 마케팅에
불과하다고 보는 시각도 많다. 그러나 기업이 선하게 행동하도록 만든
것 자체가 한 단계 진전임은 분명하다. 좋은 일을 하는 기업이 성공하

는 사례가 거듭된다면 점차 시장의 질서도 합리적으로 바뀔 것이다. 그리고 세계는 이미 그러한 방향으로 변해가고 있다.

착한 회사로 평가받은 40개 기업의 주식 수익과 S&P 500(미국의 국제 신용평가기관인 스탠더드 앤드 푸어 사가 발표하는 500개 대기업의 주가지수) 기업의 총 주식 수익을 분석한 자료를 보면, 착한 기업이 S&P 500 기업보다 더욱 높은 주식 수익을 올리고 있음을 알 수 있다. 오늘날 착한 기업은 소비자의 선택을 받는 것을 넘어서 투자자의 신뢰까지 얻고 있다.

착한소비는 단순히 경제활동의 문제가 아니다. 착한소비는 한 장의 투표용지와 같다. 우리가 어디에, 어떻게 소비하느냐에 따라 기업이, 사회가 그리고 세상의 미래가 달라질 수 있다.

이제껏 우리 사회를 지배해 왔던 경쟁 논리와 이기적인 가치들로 미래사회를 준비할 수 없다고 생각하는 이들이 이제 착한소비라는 이름의 투표용지를 꺼내고 있다. 경쟁이 아닌 협력을, 이기심이 아닌 이타심을, 나의 이익이 아닌 모두의 이익을 위해 선택하고 행동하는 것. 이러한 착한 움직임은 그저 개인의 선행이 아니다. 윤리와 가치지향의 시대, 우리는 맞이할 준비를 하고 있는가.

明見萬里

2 장

깨끗해야 강해질까,
강해야 깨끗해질까

—

김영란법, 선진국의 문턱에서 맴도는 대한민국의 희망

明
見
萬
里

이 점수가 1점 높아지면 1인당 GDP가 연평균 0.029포인트 상승한다.

반면 이 점수가 낮아질수록 투자는 줄어들고

큰 재난이 일어날 확률은 높아진다.

이 점수는 바로 부패인식지수다.

대한민국의 점수는 100점 만점에 56점.

왜 우리는 계속 선진국의 문턱에서 주저앉고 있는가.

그 답을 우리의 윤리에서 찾는다.

깨끗해야 강해질까,
강해야 깨끗해질까

> 김영란법, 선진국의 문턱에서 맴도는 대한민국의 희망

안녕, 너에게 작별인사를 전해

—

보츠와나는 다소 생소한 나라다. 남아프리카공화국과 국경을 접한 보츠와나는 아프리카에서 가장 청렴한 나라로 손꼽힌다. 보츠와나 사람이라면 누구나 부를 줄 아는 노래가 하나 있다.

안녕, 안녕, 부패여! 너에게 작별인사를 전해.
우리는 보츠와나에서 태어났어요.
보츠와나의 미래는 우리에게 달려 있어요.

이 노래는 보츠와나가 반(反)부패의 가치를 얼마나 소중하게 여기는지 보여준다. 1990년대 초반 뇌물을 받은 공무원들이 지역개발 사업에 특혜를 주는 사건이 연이어 발생하면서 국가적 위기를 느낀 보츠와나 정부는 1994년 강력한 반부패법을 제정했다.

보츠와나는 반부패법이 잘 시행될 수 있도록 '부패 및 경제범죄원(DCEC, Directorate on Corruption and Economic Crime)'을 두고 있다. DCEC에는 250명의 직원이 근무한다. 이곳에서는 일반 시민의 신고를 받아 부패 사건을 수사하며 비리를 저지른 공직자들을 일벌백계한다.

보츠와나가 청렴한 나라를 만들기 위해 하는 일은 단지 이 기관 활동에만 그치지 않는다. 2012년에는 친척에게 특혜를 줬다는 혐의를 받은 한 장관이 대법원에서 무죄를 선고받자 부패 사건을 전담하는 법원이 신설되었다. 2013년에는 법 적용 범위를 확대해 부패 기업에 대한 제재를 강화했다. 예를 들어 부패 혐의로 유죄 판결을 받은 기업은 정부 조달·관급 공사에서 5년간 배제하는 식이다.

왜 보츠와나는 이토록 강력한 반부패 정책을 시행하고 있을까? 보츠와나가 1966년 영국으로부터 독립할 때만 해도 세계 최빈국 가운데 하나였다. 그러나 반부패 정책을 계속 강화해나간 덕분에 외국 투자자들을 자연스럽게 불러들일 수 있었다. 15년 전 보츠와나에 가발 공장을 설립한 한 교포 사업가는 다른 아프리카 국가들과 달리 부패가 없는 보츠와나의 모습에 놀랐다고 한다.

"다른 인근 아프리카 국가에서 사업을 진행하다 보면 공무원들이 상

♬ 안녕, 안녕, 부패여 너에게 작별인사를 전해

청렴한 나라를 만들기 위한 보츠와나의 노력은 학교 교육에서도 이어진다. 부패에 대한 교육을 받은 아이들이 자라서 미래의 보츠와나를 만들기 때문이다. 그만큼 보츠와나에서 반부패는 가장 중요한 국가적 과제다.

당한 뒷돈이나 반대급부를 요구하는 경우가 많은데, 보츠와나에서는 한 번도 그런 일이 없었습니다. 사업하는 외국인 투자자 입장에서는 상당히 큰 안도감과 신뢰를 주죠."

청렴함을 바탕으로 보츠와나는 아프리카에서 가장 빠른 경제성장을 이루고 있다. 2016년 기준 보츠와나의 1인당 명목 GDP는 5897달러로 아프리카 최상위권이다. 더불어 주변국 가운데 국제신용등급 1위를 유지하는 것도 깨끗한 사회가 이룩한 큰 성과다. 부패 없는 사회를 바탕으로 이룬 경제발전은 국민의 신뢰와 자부심으로 이어졌다. 국가 이익이 국민 모두에게 공평하게 돌아가다 보니 다른 아프리카 국가들과 달리 종족 간의 갈등도 없고 정치도 안정되어 있다.

반부패를 국가의 가장 중요한 사업으로 정한 보츠와나에는 정규 교육과정에 반부패 수업이 포함돼 있다. 중고등학교 때부터 부패의 위험과 부패에 대항하는 일의 중요성을 가르치고 있는 것이다. 그래서 보 츠와나 사람이라면 앞에서 소개한 노래를 누구나 부를 수 있다.

싱가포르, 대가성 없는 선물도 금지

—

청렴한 나라라고 하면 가장 먼저 떠오르는 곳이 또 하나 있다. 자타 공인 아시아에서 가장 깨끗한 나라, 싱가포르다. 인구 550만 명의 작 은 도시국가 싱가포르의 반부패법은 아주 강력하다. 뇌물을 받거나 제 공한 경우 10만 싱가포르달러(약 9000만 원) 이하의 벌금과 5년 이하의 징 역에 처한다. 불법 자산은 전부 국가에 반환해야 하며, 그렇지 못할 경 우 징역형이 추가된다. 또한 뇌물을 받지 않았더라도 받을 의도를 드 러내기만 하면 범죄가 성립된 것으로 판단한다. 직무 관련성이나 대가 성이 없다는 이유로 무혐의 처리되는 일은 꿈도 꿀 수 없다. 아주 값싸 고 사소해서 대가성을 논할 수 없는 선물이라도 공직자가 이를 받으려 면 먼저 신고를 하고 그 물건의 가치를 평가받은 뒤 자신의 월급에서 선물값을 공제해야 한다.

고위공직자와 재벌 등 권력층을 감시하는 싱가포르의 부패행위조 사국은 부패 혐의가 있으면 영장 없이 체포와 수색을 할 수 있는 막강 한 권한을 가지고 있는데, 공직자와 재벌의 공로를 내세워 선처해주 는 일은 결코 없다.

1995년, 부패공직자
14년 징역형 및
약 110억 원 몰수

싱가포르의 부패행위조사국은 부패 혐의가 의심될 경우 영장 없이 체포와 수색을 할 수 있는 막강한 권한을 갖고 있다. 주된 감시 대상은 고위 공무원들과 재벌 등이다. 이들의 공로를 내세워 선처해주는 일은 없다.

그러나 싱가포르가 원래부터 청렴국가였던 것은 아니다. 말레이시아 연방에서 독립한 1965년만 하더라도 부패가 만연해 희망이 보이지 않았다. 싱가포르가 아시아에서 가장 깨끗한 나라로 인정받기 시작한 것이 1995년부터이니 부패를 척결하기까지 30년의 시간이 걸린 셈이다. 그 기간 동안 리콴유 전 총리를 필두로 '부패 방지는 선택이 아니라 국가 생존의 문제'라는 정신으로 과감한 부패 척결 정책을 펼쳤다.

이러한 노력 덕분에 싱가포르는 공직자들의 청렴도가 높아 기업하기 좋은 나라로 손꼽히며, 외국인 투자자를 불러들여 세계 금융의 중심지로 거듭날 수 있었다. 독립 반세기도 채 안 되는 짧은 기간 동안 국가경쟁력을 세계 2위까지 끌어올린 싱가포르의 놀라운 성장 배경은 다름 아닌 청렴한 국가를 향한 강력한 의지였다.

반부패의 성과는 그뿐만이 아니다. 싱가포르 국민은 자신들이 그 혜택을 골고루 받고 있다고 믿는다. 1인당 명목 GDP가 세계 9위(2016년 기준 5만 2755달러)인 싱가포르는 국민의 80퍼센트가 중산층에 해당한다.

그렇다면 우리나라 국민의 부정부패에 대한 인식은 어떨까? 기성세대는 낮을 수 있겠으나 미래를 이끌 청소년이라면 훨씬 더 공정한 의식을 가지고 있지 않을까? 그러나 2013년 우리나라 청소년을 대상으로 한 인식 조사에 따르면 부정한 입학이나 취업 제안을 거절하겠다고 응답한 청소년은 46퍼센트에 불과했다. 또 정직하게 사는 것보다 거짓말이나 불법을 통해서라도 부자가 되는 것이 중요하다고 응답한 청소년은 40.1퍼센트에 달했다. 이는 심지어 성인 응답자 31퍼센트보다 높은 수치였다. 우리 청소년이 자신들의 미래를 얼마나 부정적으로 보고 있는지를 알려주는 뼈아픈 자료다.

대한민국은 정말 부패 국가인가

그렇다면 대한민국은 부패 국가인가? 세계적인 반부패운동 단체인 국제투명성기구는 매년 세계 각국을 대상으로 부패인식지수를 조사해 발표하고 있다. 각국의 공무원이나 정치인이 얼마나 부패를 인식하고 있는지를 나타내는 것으로, 뇌물을 받는 쪽의 인식에 초점을 맞춘 지수다. 2015년 전 세계 168개국을 대상으로 한 부패인식지수에서는 덴마크가 100점 만점에 91점을 받아 세계에서 제일 깨끗한 나라로 꼽혔

◆ 2015년 세계 각국의 부패인식지수

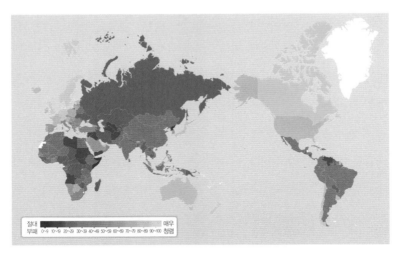

절대
부패 0~9 10~19 20~29 30~39 40~49 50~59 60~69 70~79 80~89 90~100 매우
청렴

세계적인 반부패운동 단체인 국제투명성기구는 매년 세계 각국의 부패인식지수를 조사해 발표한다. 우리나라는 100점 만점에 56점을 받아 37위에 머물렀다. (출처: 국제투명성기구)

다. 핀란드와 스웨덴이 그 뒤를 이었고, 아시아에서는 85점을 받은 싱가포르가 8위로 가장 높았다. 일본과 홍콩은 75점으로 공동 18위였다.

한국의 성적은 어떨까? 56점을 받아 37위에 머물렀다. 경제협력개발기구(OECD) 34개국 중에서는 27위로 거의 꼴찌에 가까운 수준이다. OECD 평균인 69.9점에도 한참 모자란다. 이에 한국은 '경제 선진국이면서도 개도국의 부패 수준에 머물러 있는 유일한 국가'라는 혹평을 듣고 있다.

한국이 낮은 부패인식지수를 받은 이유에 대해 국제투명성기구의 아시아 태평양 지역 담당자는 "한국 사회에는 하위 계층에서 일어나

는 작은 규모의 부패는 거의 없는 데 반해, 정치인이나 기업인 같은 고위층이 개인적인 이득을 얻기 위해 권력을 이용하고 있다. 무엇보다 정치인과 연결된 공공분야에서 심각한 부패가 존재한다."고 답했다.

국제투명성기구의 기준에 따르면 한국은 '절대부패(highly corrupt public sector)'에서 겨우 벗어났으나 '여전히 공공분야의 부패가 일반적인 (corruption among public institutions and employees is still common)' 국가다.

한국 사회에 나타나는 이러한 부패의 특징은 미국 콜게이트 대학 정치학과 마이클 존스턴 교수의 연구로도 확인할 수 있다. 존스턴 교수는 국가의 부패 유형을 독재형, 족벌형, 엘리트 카르텔형, 시장 로비형의 네 가지로 나눈다. 독재형과 족벌형은 주로 후진국에서, 시장 로비형은 선진국에서 주로 나타나는 부패 유형이다.

존스턴 교수는 대한민국을 엘리트 카르텔 유형에 속하는 대표적인 나라로 꼽았다. 정치인, 고위관료, 대기업인 같은 엘리트들이 자신들만의 네트워크, 즉 인맥을 구축해 이익을 독점하는 것을 카르텔이라고 한다. 한국에서는 사회 각 분야에서 엘리트들이 학연, 지연 등으로 뭉쳐서 권력을 유지하는 기반을 만들고 부패를 통한 이익을 추구한다는 것이다. 즉 고위층의 힘 있는 사람들이 카르텔을 통해 부당 이익을 얻는 권력형 부패가 한국형 부패의 특징이라고 할 수 있다.

우리나라와 같이 엘리트 카르텔 유형에 속하는 나라는 이탈리아다. 잘 알려진 것처럼 범죄조직인 마피아가 정치, 경제, 사회 곳곳에 손을 뻗쳐 골머리를 썩이고 있다. 최근 들어 우리나라 뉴스에 심심치 않게

◆ 부패의 4가지 유형

독재형	족벌형	엘리트 카르텔형	시장 로비형
중국, 인도네시아 등	러시아, 필리핀 등	한국, 이탈리아 등	미국, 영국, 캐나다, 일본 등

(출처: Michael Johnston, 《Syndromes of Corruption》, 2005)

등장하는 '관피아'라는 말이 바로 관료와 마피아의 합성어이니, 두 나라가 일맥상통하는 바가 있다.

관피아는 고위 공무원이 퇴직 후에 관련 기업이나 기관의 요직에 재취업하여 인맥을 이용해 마피아처럼 무소불위의 권력을 행사하는 경우를 말한다. 관피아라는 신조어가 등장한 후 법피아(법조+마피아), 핵피아(원전+마피아), 금피아(금융감독원+마피아), 교피아(교육+마피아), 해피아(해경·해양수산부+마피아), 군피아(군대+마피아) 등 온갖 종류의 관피아들이 쏟아져 나오며 '-피아'가 새로운 접미사가 될 지경에 이르렀다.

2016년 한국사회를 떠들썩하게 만든 '정운호 게이트' 역시 법조계의 전관예우 문제가 만천하에 드러난 법피아 사건이었다. 서민들은 상상도 할 수 없는 거금이 인맥을 통해 로비자금으로, 뇌물로 부당하게 오고가며 비리가 자행되었다.

군 출신이 방산업체에 재취업해서 납품 비리를 저지르는 수많은 방산비리 사건, 고위 퇴직자가 부품업체에 재취업해서 저지른 원전 납품 비리도 모두 연줄 문화가 만들어낸 권력형 부패들이다.

이명박 정부의 '고소영(고려대·소망교회·영남 출신)', 박근혜 정부의 '성시

경(성균관대·고시·경기고 출신)' 등 새 정부가 들어설 때면 특정 학교나 지역 출신을 대거 기용하는 현상 역시 카르텔 형성의 한 예라고 할 수 있다.

그런데 이런 대한민국에 하나의 법이 생겨났다. 바로 '부정청탁 및 금품등 수수의 금지에 관한 법률'이다. 이 법령의 공식적인 약칭은 '청탁금지법'. 그러나 사람들은 이 법을 '김영란법'이라 부른다. 이 법이 대한민국의 미래를 얼마나 바꿀 수 있을까.

김영란법, 내수경제를 망치는 주범?

―

김영란법, 부패는 못 막고 소비만 위축시킬 우려 크다

한우협회 "김영란법은 수입 쇠고기 권장법"

"5만 원 이하는 없는데" … 한우·굴비세트 골프장 등 된서리

김영란법 시행 땐 한식·일식당 절반 타격 … 화훼농가 매출 30%↓

한우의 한숨, 굴비의 비명

2016년 5월 9일, 이른바 '김영란법' 시행령이 입법예고되자 여러 언론에서 쏟아낸 기사 제목이다. 사실 김영란법에 대한 우려의 목소리가 어제오늘의 일은 아니다. 김영란 서강대 법학전문대학원 교수가 국민권익위원회 위원장 시절이던 2012년 8월, 이 법의 원안이 발표되었다. 이후 무려 929일 만인 2015년 3월에야 부정청탁 및 금품등 수수

의 금지에 관한 법률이 국회를 통과했고, 그로부터 1년이 넘는 시간이 걸린 이후에야 시행령이 입법예고되었다. 그만큼 이 법을 둘러싼 갑론을박이 치열했다.

시행령이 입법예고된 뒤로도 정치권에서는 법 개정이 필요하다는 의견을 속속 피력했고, 농축수산업계, 중소상공업계 단체들도 기자회견과 시위에 나섰다.

논란의 중심에 선 김영란법 시행령의 핵심 내용은 이러하다. 금품수수의 기준은 100만 원(1회 100만 원, 동일인으로부터 1년 누적 300만 원)이다. 100만 원을 넘으면 직무 관련성이나 대가성이 없더라도 무조건 형사처벌받는다. 100만 원 이하일 때는 직무 관련성이 있다면 대가성 여부와 상관없이 과태료를 문다. 직무 수행 또는 사교·의례·부조의 목적으로는 식사 3만 원, 선물 5만 원, 경조사비 10만 원까지 허용된다.

또 인허가·면허 처리, 채용·승진의 인사 개입 등 열네 가지 부정청탁의 경우에는 금품 수수가 없어도 처벌받는다. 금품에는 금전·유가증권·부동산·물품·숙박권·회원권·입장권·할인권·초대권·관람권·부동산 등의 재산적 이익, 음식물·주류·골프 등의 접대·향응 또는 교통·숙박 등의 편의 제공, 채무 면제·취업 제공·이권 부여 등 유·무형의 경제적 이익이 모두 해당된다.

법의 직접적인 적용 대상은 정부 및 공공기관, 지자체 및 산하단체, 공기업, 국공립 교육기관 등에 종사하는 공직자와 사립 교육기관과 언론기관 종사자 그리고 이들의 배우자로 대략 400만 명에 달하지만, 이들에게 부정청탁이나 금품 제공을 하는 누구라도 법의 적용을 받기에 사실상 전 국민을 대상으로 한 법이다.

김영란법에서 가장 논란이 되는 건 앞서 기사제목에서 보았듯이 3-5-10만 원의 금액 책정 부분이다. 허용 금액이 너무 낮게 책정되어 현실성이 없다는 점, 국내산 농수축산물에까지 적용되어 그 피해가 고스란히 농어민에게 돌아갈 것이라는 점, 접대와 선물이 줄어듦으로써 관련 업종에 종사하는 소상공인의 수입이 현저하게 줄어들 것이라는 점 등 내수시장의 침체를 걱정하고 있다.

그러면 정말 경제적 논리로 볼 때 이 법으로 인해 경제가 위축되는 부작용이 일어날까?

김영란법, 원안에 비하면 반쪽 법안

―――

김영란 교수가 2012년에 이 법을 제안한 계기는 우리 사회 연줄 문화의 문제점 때문이다. 김영란 교수는 대한민국 최초의 여성 대법관이다. 서울대 법대 재학 중 사법시험에 합격하고 1981년부터 사법부에서 일해오며 수많은 청탁이 오고가는 실태를 알게 되었다. 공정하게 업무를 처리해도 부패를 저지르는 소수의 공직자 때문에 신뢰가 무너지는 현실과 마주하며 '부패는 어디서 나올까?'라는 질문의 답을 고민했다. 첫 번째 답은 연줄에서 나온다는 것이었다. 그럼 연줄 관계는 어디서 나올까? 청탁과 스폰서 문화에서 나온다. 그러면 청탁과 스폰서를 못하게 하려면 어떻게 해야 할까? 이런 자문자답을 통해 법을 제안하게 되었다고 한다.

김 교수가 이 법을 추진한 직접적인 계기는 2011년 일어난 '벤츠검사 사건'이었다. 현직 검사가 변호사로부터 벤츠 자동차와 명품 가방 등 수천만 원의 금품과 함께 사건 청탁을 받았지만 대가성을 입증할 수 없다는 이유로 무죄 판결을 받았다. 공직사회의 부패한 청탁 문화에 국민은 크게 분노했다. 이에 당시 국민권익위원장이었던 김영란 교수가 주도적으로 청탁을 금지하는 법안을 만든 것이다.

하지만 김영란법은 처음 제안에서부터 엄청난 저항에 부딪혔다. 오랜 시간 우여곡절을 겪으며 원안의 내용이 많이 바뀐 뒤에야 국회를 통과할 수 있었다. 국회 통과 일주일 뒤인 2015년 3월 10일 김영란 교수는 기자회견을 열었다.

김 교수가 통과된 법에 대해 지적한 첫 번째는 '이해충돌 방지' 조항이 여야가 막판까지 견해차를 좁히지 못하면서 통째로 빠진 부분이었다. 이해충돌 방지 조항은 공직자가 직무상 권한을 남용해 자신이나 가족이 인허가, 계약, 채용 등의 과정에서 이익을 보지 못하도록 하는 내용이었다.

김 교수는 "쉽게 말해 장관이 자녀를 특채 고용한다거나 공공기관 근로자가 자신의 친척이 운영하는 회사에 특혜를 주거나 공무원이 자기 부모가 신청한 민원서류를 직접 처리하는 등의 사익을 금지하자는 내용입니다. 법안의 세 가지 분야 중 가장 비중이 큰 부분이었는데 빠져서 반쪽 법안이 되었습니다."라며 아쉬워했다.

이 밖에도 100만 원 이하의 금품 수수는 직무 관련성이 있어야 과태료를 부과할 수 있도록 한 점, 금품 수수 금지 대상을 직무 관련성이 있는 당사자와 배우자로 한정한 점, 부정청탁을 14개 유형으로 특정하여 범위를 축소시킨 점, 국회의원 등 선출직 공직자의 제3자 고충 민원 전달을 부정청탁의 예외로 규정하여 선출직 공무원이 브로커가 될 수 있는 여지를 열어둔 점 등을 아쉬운 부분으로 꼽았다.

한편 우리 사회의 반부패 문제를 혁신하려면 가장 먼저 공직 분야가 솔선수범해야 한다는 생각에 원안에서는 대상을 공직자로 한정했으나, 통과된 법에서 적용 대상을 사립학교 교직원과 언론인까지 확대한 점에 대해서는 국민의 69.8퍼센트가 바람직하다고 보고 있는 만큼 과잉입법이나 비례원칙을 위배한다고 보지는 않았다.

대한변호사협회 등은 사립학교 교직원과 언론인을 적용대상에 포함한 점과 배우자 신고의무 조항 등이 위헌이라며 헌법소원을 제기했다. 이에 대해 2016년 7월 28일 헌법재판소는 김영란법 전체 조항에 대해 합헌 결정을 내렸다. 헌법재판소는 적용 대상에 사립학교 교직원과 언론사의 장과 임직원 등을 포함한 것에 대해 "교육과 언론은 국가나 사회 전체에 미치는 영향력이 크다. 특히 해당 분야에서의 부패는 파급효과가 매우 크고 광범위"하다며 "정당하다"는 이유를 밝혔다.

비록 합헌 결정이 나긴 했으나 이렇듯 김영란법은 원안에 비해 꽤나 후퇴했다. 그럼에도 '규제가 너무 심해 경제를 위축시킬 것'이라는 비판을 받고 있다. 자, 그렇다면 다른 나라의 상황은 어떨까?

기업 접대비용 1년 10조 원
김영란법이 소비 촉진 효과 가져올 수도

———

보츠와나와 싱가포르 같은 반부패 국가의 공통점은 강력한 부패방지법을 바탕으로 경제성장을 이루었고, 그 성과가 국민에게 고루 나뉘면서 사회적인 만족도와 신뢰도가 높아졌다는 것이다. 우리나라보다 국가 청렴도가 높은 나라들은 대체로 국민소득도 더 높다.

전문가에 따르면, 부패인식지수가 1점 높아지면 1인당 GDP가 연평균 0.029포인트 상승한다. 현대경제연구원이 2012년 발표한 〈부패와 경제성장〉 보고서에 따르면 우리나라가 OECD 평균 수준만큼 청렴해지면 1인당 명목 GDP는 138.5달러, 연평균 성장률은 약 0.65포인트 상승할 것으로 기대된다고 밝힌 바 있다. 즉 국가 청렴도와 경제성장은 언제나 함께 굴러가는 수레의 두 바퀴다.

조셉 필 전 주한 미8군 사령관은 2013년 송별행사 때 한국인 친구로부터 고급 만년필을 선물 받았다. 대가성이 없는 순수한 선물이었지만, 미국 검찰은 그 선물이 불법이라고 판단했다. 미국법에 따르면 공직자는 1회 20달러 이상, 연간 50달러 이상의 선물이나 향응을 제공받

◆ 국가 청렴도와 국민소득의 상관관계

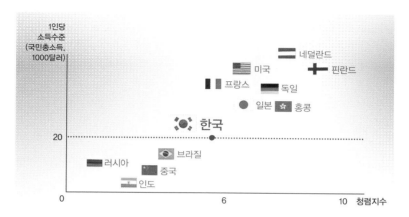

청렴도가 높은 나라들은 국민소득도 높다. 전문가들은 부패로 인해 생기는 손실 비용이 훨씬 크기 때문이라고 분석한다. (출처: 서울시립대 반부패행정시스템 연구소)

을 수 없기 때문이다. 결국 그는 1계급이 강등된 채로 퇴역해야 했다.

영국은 25~30파운드 선에서 공직자의 선물수수 금액을 제한하고 있으며, 독일은 25유로 범위에서 기관별로 허용금액을 설정하되, 특히 법무부에 대해서는 5유로 이하로 그 기준을 엄격하게 적용하고 있다. 앞서 보았듯 싱가포르는 어떠한 금품, 향응도 금지한다. 이처럼 다른 나라와 비교하면, 사실 김영란법은 비슷하거나 오히려 조금 더 관대한 기준을 적용하고 있다고 볼 수 있다.

그래도 김영란법으로 인해 경기가 침체하지 않을까 불안하다면 다음 수치를 확인하기 바란다. 국세청 자료에 따르면, 2015년 기업들이 법인카드로 1년간 결제한 접대비의 총액은 무려 10조 원에 육박한다.

◆ 주요 국가별 공직자 선물 수수 금지 규정 및 예외 사유

국가	관련 내용
미국	1회 20달러(약 2만 원), 연간 50달러(약 5만 원)를 초과하는 선물수수 금지
일본	5000엔(약 5만 원) 이상의 선물을 수수하는 경우 신고 의무 부과
영국	25~30파운드(약 4~5만 원)를 초과하는 선물수수 금지
독일	25유로(약 3만 원)를 초과하는 선물수수 시 사전 승인을 받아야 함

하루에 약 270억 원이 접대비로 나가는 셈이다. 기업 접대비는 2008년 7조 502억 원에서 2015년 9조 9685억 원으로 8년간 약 3조 원이 늘어났다. 이 가운데 룸살롱 등 유흥업소에서 쓴 금액은 8년 연속 1조 원을 넘었다. 이는 정치권과 언론에서 김영란법이 초래할 것이라던 경제손실 비용을 뛰어넘는 금액이다.

반면 현대경제연구원이 2015년 9월에 발표한 〈청탁금지법의 가액 기준 판단 및 경제효과 분석〉 보고서에 따르면, 김영란법이 시행되어도 선물 수요는 적게는 0.0052포인트, 많게는 0.86포인트 감소하는 수준에 지나지 않는다.

또한 김영란법이 실제로 시행될 경우 오히려 소비 효과가 더 커질 수 있다는 분석도 있다. 지나치게 고가로 책정되었던 음식, 주류 등의 가격이 합리화되면서 오히려 소비가 늘어날 수도 있다는 것이다. 한국에서 고급 접대 장소로 애용되는 골프장이 좀 더 일반 소비자들과 가깝게 운영될 수도 있는 등, 장기적인 경제 침체를 겪는 상황에서 오히려 건강한 소비 촉진을 불러올 것이라는 기대도 있다.

국민을 향하는 부패의 화살
이제는 부러뜨려야 할 때

―――

핵심은 경제손실을 일으키는 주원인이 김영란법이 아니라 어마어마한 규모의 부패 비용이라는 점이다. OECD는 2016년 5월 펴낸 〈부패 보고서〉에서 부패가 민간 부문 생산성을 낮추고 공공 투자를 왜곡하고 공공재원을 잠식하는 등 '지속 가능한 경제성장의 심각한 방해물'이라고 분석했다. 기업이 품질과 가격으로 경쟁하지 않고 접대나 뇌물로 계약을 성사시키려 한다면 불필요한 경영 비용이 늘어나고 생산성은 떨어질 수밖에 없다. 부패가 심한 나라일수록 공무원의 질이 떨어지고 공공의 이익과 무관한 규제나 무역장벽, 보조금, 탈세도 많다.

또 OECD는 부패가 불평등과 빈곤을 심화한다고 지적했다. 부패지수가 2.52포인트 오를 때 소득 불평등의 정도를 나타내는 지니계수(0이 완전평등, 1이 완전불평등)는 0.11포인트 상승해 불평등이 심해졌다.

나아가 부패는 엄청나게 큰 사회적 비용을 초래하기도 한다. 세월호 참사가 그 예다. 2014년 4월 전 국민을 슬픔에 빠뜨린 세월호 참사의 가장 근본적인 원인은 부패 네트워크의 작용이었다.

세월호 사건 이후 해운조합 인천지부 쓰레기통에서 발견된 문서 더미에는 인천지역 선주들의 모임인 인선회가 관련 공무원들에게 금품을 제공한 내역이 기록돼 있었다. 대상은 모두 선박 운항에 대한 감시와 감독 기관의 공직자들이었다.

세월호의 선사 청해진해운 역시 인천항만청 직원들에게 4000여만 원의 뇌물과 향응을 제공했다고 검찰은 밝혔다. 이런 식으로 쌓아둔 인맥을 활용해 청해진해운은 일본에서 낡은 여객선을 수입하면서 허위계약서를 제출하고도 운항 허가를 받을 수 있었다.

세월호가 침몰한 사건 당일 안전점검을 하는 순간에도 부패 사슬은 촘촘히 연결되어 있었다. 선박의 안전점검 의무는 선사들의 단체인 해운조합에 있고, 이들을 관리 감독해야 할 의무는 관련 정부기관에 있다. 그 의무가 제대로 이행되기 위해서는 유착관계가 없어야 함에도, 참사가 일어난 2014년 4월 기준 해운조합을 거쳐 간 총 열두 명의 이사장 가운데 열 명이 해양수산부나 항만청 등의 고위관료 출신이었다. 세월호의 무리한 증축을 인허한 기관인 한국선급도 다르지 않았다. 해양수산부나 정부기관에서 퇴직한 고위관료 출신이 역대 한국선급 회장 열한 명 가운데 여덟 명이었다.

만약 부패가 없었다면, 각자 자기 자리에서 책임을 다했다면, 결코 일어나지 않았을 참사였다. 선박 운항을 허가하는 단계부터 구조하던 순간까지, 그 모든 단계에서 제대로 된 시스템이 전혀 작동하지 않았다. 부패로 인해 우리 사회가 얼마나 위태로울 수 있는지 확실히 보여준 참사다.

세상에 공짜는 없는 법이다. 1982년 노벨경제학상을 수상한 조지 스티글러의 '규제의 포획이론'에 따르면, 상식적으로는 규제 권한을 가진 규제자가 피규제자를 포획하는 것이 이치에 맞지만 그 반대 현상이 발생하는 경우가 있다. 정부의 각종 규제는 공공 이익을 위해 존재하지만, 기업이나 특정 이익집단 등의 피규제자들이 자신의 이익을 위해 규제기관에 로비하면 규제기관이 오히려 피규제자에 의해 포획된다. 그 결과 규제기관은 일반 개인의 이익을 무시하고 만다. 부패의 피해는 고스란히 국민이 받을 수밖에 없다.

대한민국이 선진국의 문턱을 못 넘는 것은
바로 부패 탓

—

국민 여론은 김영란법에 대해 어떻게 받아들이고 있을까? 한국갤럽이 2015년 5월 전국 성인 1004명을 대상으로 김영란법 시행령 입법예고에 대해 설문조사한 결과 '잘된 일'이라고 답한 사람(66퍼센트)이 '잘못된 일'이라고 답한 사람(12퍼센트)에 비해 월등히 많았다. '잘된 일'이라고 답한 응답자는 그 이유로 '부정부패·비리가 사라질 것'(27퍼센트), '공무원·공직사회 변화 기대'(11퍼센트), '당연한 일·꼭 필요한 것'(9퍼센트), '부정청탁이 줄어들 것'(9퍼센트) 등을 꼽았다. 김영란법의 경제적 영향을 묻는 질문에는 41퍼센트가 '긍정적인 영향을 줄 것', 12퍼센트가 '부정적인 영향을 줄 것', 29퍼센트가 '영향이 없을 것'이라고 답했다. 또 응답자의 68퍼센트는 '국회의원에게 예외조항을 둬서는 안 된다'고 대답했다.

김영란 교수는 걱정하고 두려워할 법이 아니라며 이렇게 말했다.

"이 법은 쉽게 말해 '더치페이법'입니다. 각자 자기 것은 자기가 계산하는 습관을 들이자는 겁니다. 또 하나는 언제 어디서든 빽을 찾고 아는 사람한테 전화 한 통 넣어달라고 하는 잘못된 청탁 문화를 없애자는 겁니다. 물론 문화를 바꿔나가는 게 쉬운 일은 아닙니다. 하지만 몇 년째 선진국 문턱에서 주춤하고 있는 우리 사회가 다음 단계로 나아가기 위해서는 반드시 해야 할 일입니다."

부패를 영어로는 코럽션(corruption)이라고 한다. 라틴어에서 온 이 단어는 '함께(cor) 파멸하다(rupt)'라는 뜻이다. 역사에서도 부패가 심해 나라가 망한 예를 쉽게 찾아볼 수 있다. 현대에도 한 나라의 부패 정도는 국가의 경쟁력을 좌우하고 있다. 강한 부패방지 정책으로 망한 나라나 기업은 없다. 이제 부패 척결은 더 나은 성장을 위해 피할 수 없는 선택이다. 김영란법을 시작으로 달라질 환경에서 새로운 기회를 만들어가야 한다.

"우리나라를 믿을 수 있어요, 깨끗하니까요"

강윤기 PD

2016년 1월 27일, 독일 베를린에 본부를 두고 있는 국제투명성기구는 세계 각국의 부패인식지수를 발표했다. 우리나라는 전 세계 조사대상 168개국 중 37위를 차지했다. 43위였던 2015년보다는 여섯 계단 올랐지만 우리보다 상위에 있던 5개국이 조사대상에서 빠졌으므로 변화가 없는 순위로 볼 수 있다. 예상대로 덴마크와 스웨덴 같은 북유럽 국가들이 1, 2위를 차지했고 미국은 16위를 차지했다. 우리나라는 1990년대 후반부터 꾸준히 순위가 오르다 2008년 이후 정체를 보이고 있다. 국제투명성기구는 대한민국의 부패상황을 '절대 부패로부터 벗어난 정도'라고 평가한다. 순위에 민감한 우리나라 사람들이 보기에는 실망적인 결과다. OECD 국가 중 최하위권에 속하고 아시아 국가들 중에서도 싱가포르가 8위, 일본이 18위를 차지한 것을 보면 더욱 서글퍼진다.

돌이켜보면 우리 사회의 부패스캔들은 지겨울 정도로 반복돼왔다. 최근에는 방산비리, 원전비리가 연달아 터졌고 2015년 한 해는 소위

'성완종 스캔들'로 온 나라가 들썩였다. 온 국민을 비통함 속에 빠뜨렸던 세월호 참사 역시 제대로 살펴보면 우연적 사고가 아니라 부패가 만들어낸 결과물이기도 하다.

〈명견만리〉가 첫 방송을 준비하던 시기, 프로그램 초반부에 배치될 아이템을 두고 제작진의 치열한 고민이 계속되었다. 우리 사회의 절박한 문제를 함께 고민하고 미래 대안을 찾아본다는 기획의도에 적합한 아이템을 찾기 위해서였다. 그렇게 본다면 부패에 관한 아이템만큼 좋은 소재는 없다. 그런데 부패는 방송에서 제일 꺼리는 아이템이기도 했다. 이유는 간단하다. 시청자들은 '부패'에 진절머리가 나 있다. 끊임없이 부패 사건을 접해왔고 그때마다 대안이 제시되었지만 언제 그랬냐는 듯이 부패는 또 반복되었다. 방송을 통해 부패 사건의 진실을 시원하게 밝히기도 쉽지 않다. 그러다 보니 사람들은 부패 문제를 다룬 방송을 보고 싶어 하지 않는다.

그런데 이런 분위기가 바뀌었다. 바로 김영란 교수가 국민권익위원장 시절에 발의한 일명 김영란법(부정청탁 및 금품등 수수의 금지에 관한 법률) 때문이었다. 과잉 입법이라는 일부의 지적에도 여론의 반향은 뜨거웠다. 한 번에 100만 원 이상의 돈이나 접대를 공직자가 받았다면 직무와 관계없이, 대가성 여부와 상관없이 처벌해야 한다는 것이 이 법의 핵심이었다.

부패 문제를 다루면 시청률이 떨어진다는 불문율에도 불구하고 제작진은 김영란 교수를 모시고 그의 '명견만리'를 들어보고자 했다. 하지만 자신의 이름을 딴 법안이 전 사회적인 이슈로 등장했음에도 언론과 흔한 인터뷰 한 번 안 하는 분을 섭외하기가 쉽지 않았다. 직접 찾아가 설득하고 이메일과 전화를 주고받은 지 한 달 쯤 지나 겨우 출연 승낙을 받을 수 있었다. 반부패의 아이콘으로 떠오른 김영란 교수를 프로그램에 모신다는 것은 당시로는 웬만한 톱스타를 만나는 것만큼 설레는 일이었다.

단순히 부패를 막기 위해 강력한 법안이 필요하다는 주장을 넘어서 시청자들에게 울림을 줄 수 있는 메시지는 무엇이 있을까? 평생 청렴한 법관으로 살아왔고, 반부패 전도사로서 이 문제를 고민해온 연사의 혜안이 궁금했다. 돌아온 답은 명쾌했다. 반부패가 결국은 우리 삶을 더욱 풍족하게 해주리라는 것. 이를 위해서는 학연과 지연에 더해 정치권력, 자본권력, 언론권력 등 꼬리에 꼬리를 물고 얽혀 있는 소위 엘리트 카르텔을 깨야 한다는 것이 김영란 교수의 핵심 논리였다. 그 시작으로 사소한 인간관계에서 비롯될 수 있는 부정한 청탁을 막아야 한다는 것이었다. 우리 주변에서 일어날 수 있는 흔한 상황일지라도 부정한 청탁이 개입할 수 없다는 믿음이 생기면 자연스레 사회의 신뢰도가 높아지고 저절로 투명한 사회로 바뀔 수 있다고 김 교수는 주장한다.

　프로그램을 제작하면서 만난 사람들 중에 아직도 기억에 남는 사람이 있다. 보츠와나의 여중생 세튜냐다. 보츠와나는 강력한 반부패 법안과 독립적인 부패 단속 기구를 가지고 있기로 아프리카에서 유명한 나라다. 실제로 보츠와나는 앞서 말한 국제투명성기구의 부패인식지수 조사에서 아프리카에서는 항상 1위를 차지했고 전체 순위에서도 늘 우리보다 앞서 있었다. 2015년 발표된 조사에서도 세계 31위를 차지해 우리보다 여섯 계단이나 앞선 순위였다.

　학교에서 만난 '세튜냐'는 자부심에 가득 찬 아이였다. 자신이 살고 있는 나라가 부패를 없애기 위해 최선을 다하고 있으며, 이러한 노력이 사회를 발전시키는 원동력이 된다는 믿음을 가지고 있었다. 거리 인터뷰에서 만난 보츠와나 국민들 역시 국가에 대한 신뢰가 가득했다. "우리 정부의 정책은 투명하고 깨끗하다. 그래서 믿을 수 있다. 그래서 우리는 안전하게 생업에 종사할 수 있다."고 이구동성으로 말했다.

　실제로 보츠와나는 세계적인 기업들이 안전하고 투명하게 투자할 수 있는 국가 중 하나로 손꼽힌다. 1인당 GDP도 7000달러로 아프리카 최상위권이다. 보츠와나에서 만난 한 교민 사업가는 다른 아프리카 국가에서 사업할 때와 비교하며, 조그만 뇌물조차 받지 않는 공무원들의 투명한 모습 덕분에 보츠와나에서 사업하기가 편하다고 말했다.

하지만 방송을 준비하며 만났던 세튜나 또래의 우리나라 중학생은 달랐다. 스튜디오 녹화 당시, 미래참여단으로 참여했던 한 중학생이 녹화 말미에 번쩍 손을 들더니 김영란 교수에게 질문을 던졌다. 우리 사회에 만연한 부패에 대해 고민을 많이 한 듯했다. 강연에 크게 공감한다며 "중학생이지만 스스로 부패 없는 신뢰사회를 만들고 싶은데 어떤 일부터 하면 되느냐"는 질문을 던졌다. 김영란 전 대법관은 이렇게 답했다. "학교생활에서도 벌어지는 끼리끼리 문화, 왕따 문화가 바로 그러한 카르텔이니 그런 문화부터 없애면 된다"고.

어린 학생의 질문과 이어진 대답이 어쩌면 〈명견만리〉가 전하고자 했던 가장 중요한 메시지인지도 모르겠다. 인맥과 연줄을 맺은 사람들이 끼리끼리 챙겨주며 그 힘으로 유지되는 사회가 아니라 신뢰와 시스템으로 선순환하는 사회는 언제쯤 올까. 강력한 법과 정책을 통해 부패를 없애는 것이 사회 구성원들 사이의 신뢰를 회복시키고 나아가 경제성장까지 이어지게 한다는 단순한 논리를 보여주고 싶었다.

과연 김영란법이 우리 사회의 부패를 없애고 신뢰사회를 만들어내는 첫걸음이 될지 많은 국민이 지켜보고 있다. 무엇보다 어린 학생들이 자신이 살아가는 사회를 신뢰할 수 있는 그런 세상을 기다려본다.

2부

기술
Technology

明見萬里

3장

인공지능과 함께할 미래

—

선한 인공지능 시대를 위해 무엇이 필요한가

明
見
萬
里

2008년 러시아에서는 인공지능이 쓴 소설이 베스트셀러가 되었고,

가사만 입력하면 30초 안에 인공지능이 작곡한 음악을 받을 수도 있다.

일본에서는 전 직원이 로봇인 호텔도 성업 중이다.

인공지능 시대는 이미 인류에게 도래했다.

우리 삶이 인류를 닮은 인공지능과 조화를 이루려면 어떤 준비를 해야 할까.

인공지능과 함께할 미래

선한 인공지능 시대를 위해 무엇이 필요한가

70여 대의 로봇이 일하는 호텔

—

깔끔하고 환한 호텔 로비. 하얀 모자를 똑같이 쓴 직원과 공룡이 나란히 프런트에서 투숙객을 맞이하고 있다. 그런데 이 둘, 로봇이다. 여자 로봇은 일본어 담당인데, 눈과 눈썹을 움직여 짓는 표정이 영락없는 사람 같다. 영어를 쓰는 사람은 공룡 로봇에게 가면 된다. 무섭게 생기긴 했지만 가까이 다가가니 사람을 인식하고 친절하게 인사한다.

"호텔에 오신 것을 환영합니다. 체크인 카드를 작성해주세요."

체크인 카드를 작성해 건네면 카메라에 얼굴을 스캔하라고 안내한다. 객실에 들어가고 나갈 때 열쇠 대신 안면인식 시스템을 이용하기

일본 나가사키 현에 있는 헨나 호텔은 세계 최초의 로봇 호텔이다. 체크인 카운터부터 짐 운반, 룸서비스까지, 70여 대가 넘는 로봇들이 최상의 고객 서비스를 제공한다.

위해서다. 체크인을 끝내자 새로운 로봇이 등장한다. 짐을 실어다 주는 벨보이 로봇이다. 방에 들어서니 튤립 모양의 귀여운 서비스 로봇 '쥬리'가 인사를 한다. 쥬리는 사람의 목소리를 인식해 전기를 켜고 끄고, 일기예보, 모닝콜, 관광명소 안내까지 해준다.

로봇이 나오는 SF 영화 속 장면이 아니다. 2015년 일본 나가사키 현의 유명한 관광지 하우스텐보스에 문을 연 한 호텔에서 실제로 경험할수 있는 일이다. '이상한'이라는 뜻의 일본어 '헨나(変な)'가 이름인 이호텔에는 사람 대신 70여 대의 로봇이 호텔리어로 일하고 있다. 프런트, 짐 운반, 객실 서비스를 담당하는 로봇 외에도 안내 로봇, 투숙객의 짐을 보관하는 로봇까지 있다.

영화 속에서 상상의 나래를 펼쳐야만 가능했던 이야기들이 이렇듯우리의 현실 속으로 성큼 들어오게 된 것은 모두 인공지능의 눈부신

발전 덕분이다. 로봇이 단순히 입력된 명령을 처리하던 수준을 뛰어넘어, 인간의 두뇌활동을 따라하고 사람과 유연하게 커뮤니케이션하는 단계로까지 발전한 것이다. 일찍이 경험해보지 못한 완전히 새로운 세상이 이미 우리 앞에 펼쳐지고 있다. 인공지능이 얼마나 발전했는지 하나의 예를 더 보기로 하자.

'지보'는 2016년 미국의 한 벤처기업에서 개발한 세계 최초의 가정형 소셜 로봇이다. 소셜 로봇은 사람과 대화하고 관계 맺는, 말하자면 사람과 '통하는' 로봇이다. 지보는 가족들의 얼굴과 목소리를 구별하고, 질문과 관찰을 통해 학습하면서 가족 구성원과 소통한다. 아빠를 매일 아침 7시에 봤는데 어느 날 10시에 봤다면 지보는 자신이 늘 관찰해오던 시간이 아닌 것을 알고 이렇게 말한다. "오늘은 늦었네요." 말하자면 사람이 친구에 대해 알아가는 것과 유사한 방법으로 지보도 사용자를 익혀가는 것이다. 시간이 지날수록 사용자의 행동 패턴과 취향 등을 더 잘 알게 된다.

지보는 중요 일정과 뉴스를 알려주고 메일을 보내는 등 개인비서 역할도 톡톡히 한다. 친구들을 불러 생일파티를 하다가 지보에게 사진을 찍어달라고 할 수도 있다.

이렇게 다재다능한 지보의 가격은 얼마일까? 대당 499달러, 우리 돈 56만 원가량으로 크게 비싸지 않다. 출시 전에 이미 크라우드 펀딩으로 막대한 자금을 모을 정도로 사람들의 기대를 한몸에 받았다. 지보만 보더라도 인공지능은 사람들의 일상에 가장 큰 영향을 끼치는 기술이 될 것이 분명해 보인다.

세계의 주요 기업들은 미래 첨단산업의 최대 화두가 인공지능이 될 것이라고 입을 모은다. 구글의 창업자인 래리 페이지는 대표적인 인공지능 예찬론자다. 그는 인터넷을 거대한 인공지능으로 만드는 것이 구글의 최종 목표라고 밝힌 바 있다. 그 말을 입증하듯 구글은 2001년부터 14년간 인공지능 관련 기업을 인수하는 데에만 무려 280억 달러(약 31조 원)를 쏟아부었으며, 2012년부터 2015년까지 3년간 인공지능 관련 기업 17곳을 인수했다. 인간과 인공지능이 맞붙은 세기의 대결로 화제를 모았던 알파고를 개발한 딥마인드도 그중 하나다.

페이스북의 경우 2015년 1분기에만 수익의 무려 30퍼센트에 달하는 약 1조 2000억 원을 인공지능 관련 분야에 투자했다. 페이스북의 창업자 마크 저커버그는 2016년 초 자신의 페이스북 페이지에 "영화 〈아이언맨〉에 나오는 자비스 같은 인공지능 시스템을 개발하겠다"는 신년 계획을 발표하기도 했다.

두 기업뿐만이 아니다. 세계 각국은 지금 인공지능 산업을 선점하기 위해 치열한 각축전을 벌이고 있다. 세계 인공지능 시장의 성장 속도가 이를 증명한다. 2013년 8억 달러에 불과했던 시장 규모가 2015년 370억 달러로 껑충 뛰었다. 전문가들은 10년 후 인공지능 시장 규모를 6조 달러, 우리 돈으로 6700조 원으로 예상하고 있다. 그야말로 어마어마한 시장이다.

인공지능은 인간의 능력을
어디까지 따라잡을까

—

그렇지만 여전히 인공지능은 일반인에게 낯선 개념이다. 2016년 3월 세계를 떠들썩하게 한 알파고와 이세돌의 대결을 계기로 관심과 정책적 지원이 커나가고는 있지만, 아직 인공지능을 우리 자신의 이야기로 생각하는 데에는 익숙하지 않다. 인공지능이라고 하면 아직까지도 로봇을 먼저 연상하는 사람이 많다. 그러나 로봇의 원조 격인 마징가Z나 로봇 태권V를 떠올려보자. 그것들은 혼자서 움직이거나 말할 수 없고, 언제나 조종자가 필요했다. 인간처럼 스스로 사고하고 판단하는 능력은 갖추지 못한, 단순한 기계장치에 불과했다.

오늘날 로봇은 과거와 다르다. 점점 진화하여 이제는 사람처럼 말하고, 나아가 창의적이고 고도로 숙련된 업무가 필요한 분야에서도 이미 활약하고 있다. 이렇게 '사람처럼' 생각하고 문제를 해결하는 것을 인공지능이라고 정의한다. 따라서 로봇처럼 눈에 보이는 하드웨어를 갖춘 형태일 수도 있고, 컴퓨터 프로그램과 같이 형체가 없는 소프트웨어일 수도 있다.

인공지능 소프트웨어를 이야기할 때 빼놓을 수 없는 존재가 있다. 2011년 미국의 유명 TV 퀴즈쇼에 출연하여 우승을 차지한 IBM의 슈퍼컴퓨터 '왓슨'이다. 자연어 형식으로 된 질문에 답할 수 있도록 프로그래밍 된 인공지능 시스템 왓슨은 74연승을 기록한 인간 챔피언을 제치고 100만 달러의 우승 상금을 거머쥐었다. 퀴즈쇼가 진행되는 동안 왓슨은 질문을 완벽하게 이해하고 분석하여 정답을 막힘없이 외쳐댔다. 이는 왓슨에게 1초에 책 100만 권 분량의 엄청난 데이터를 스스로 학습하는 능력이 있기 때문이었다. 인간 퀴즈왕이 틀리고 왓슨이 맞힌 문제는 '7만 명의 종업원이 1년에 4개월만 일하는 회사의 이름'이었다. 이쯤 되면 제아무리 기억력이 좋고 박학다식한 사람도 왓슨 앞에서는 무릎을 꿇을 수밖에 없을 것 같다.

한편 2008년 러시아에서는 인공지능이 쓴 《트루 러브(True Love)》라는 소설이 베스트셀러가 되기도 했다. 이 소설 쓰기 프로그램은 창작하는 데 필요한 17가지의 데이터를 입력하면 전산 규칙에 따라 짜깁기하는 방식으로 소설을 만드는데, 320쪽 분량의 소설을 단 사흘 만에 써냈다.

인공지능은 미디어 산업에서도 그 진가를 발휘하고 있다. 2013년부터 방영하여 전 세계적으로 인기를 끈 미국의 정치 드라마 〈하우스 오브 카드(House of Cards)〉의 성공비결은 다름 아닌 인공지능이었다. 인공지능이 수천만 명의 시청자 패턴을 분석한 결과를 토대로 사람들이 원하는 스토리와 주연배우, 감독이 결정됐다. 이 드라마의 데이비드 핀처 감독이 에미상 감독상을, 주연배우 케빈 스페이시가 골든글로브 TV 드라마 부문 남우주연상을 차지하기도 했다.

가장 예술적이고 창의적인 분야에서도 인공지능은 인간의 능력을 이미 상당 부분 따라잡았다. 일본의 악기 회사 야마하는 2014년 가사만 입력하면 자동으로 음악을 작곡해주는 프로그램 '보컬로듀서(Vocal-roducer)'를 공개했다. 사용자는 작곡에 대한 전문지식이 없어도 된다. 가사와 곡 분위기만 입력하면 새로운 노래 한 곡이 완성되는 데 30초 밖에 걸리지 않는다.

스포츠 분야도 예외가 아니다. 2015년 미국 캘리포니아 주의 한 독립리그 야구 경기장에는 인공지능 심판이 등장했다. 경기장에 설치된 카메라로 투수가 던진 공의 이동 경로, 속도 등을 측정하면 '피치 에프 엑스(Pitch F/X)'라는 프로그램이 볼과 스트라이크를 판독한다.

그리고 이러한 도전은 더 급속도로 진행되고 있다. IBM은 왓슨의 능력을 향상시키기 위해 2014년 '왓슨 그룹'을 만들고 연간 10억 달러 이상을 투자하고 있다. 왓슨은 이미 의료, 금융, 교육, 고객 응대 등 다양한 분야에서 활동하고 있는데, 심지어는 인공지능의 학습능력을 요리에 적용한 프로그램 '셰프 왓슨'도 개발되어 있다.

IBM이 미국의 요리 잡지 〈본 아페띠(Bon Appetit)〉와 제휴하여 만든 셰프 왓슨은 1만여 가지 요리 데이터를 학습하고 분석하여 새로운 조리법을 제시한다. 여러 재료를 조합하여 최상의 맛과 영양을 찾아내는데, 재료 손질부터 조리 방법, 소스의 비율까지 요리에 필요한 모든 과정을 상세하게 알려준다. 셰프 왓슨은 냉장고에 남은 재료만으로 할 수 있는 조리법을 바로 가르쳐주고, 채식주의자나 다이어트를 하는 사람 등 다양한 요리를 즐기기 어려운 사람에게 끊임없이 새로운 조리법을 찾아준다.

왓슨은 미국의 한 TV 퀴즈쇼에서 74연승이나 기록한 인간 퀴즈왕을 제치고 우승을 차지했다. 왓슨은 나아가 창의적이고 숙련된 업무인 요리에도 도전했다. 오른쪽은 재료와 스타일에 따라 새로운 요리를 창조해 안내하는 셰프 왓슨 사이트.

가르치지 않아도 스스로 학습하는 인공지능

어떻게 사람이 만든 기계에 불과한 인공지능이 이토록 사람을 닮고, 이제는 사람의 능력을 뛰어넘는 단계까지 올 수 있었을까? 인공지능이 처음부터 이렇게 똑똑했던 것은 아니다.

연산 능력은 컴퓨터가 사람을 앞선 지 오래지만, 인간이라면 세 살짜리 어린아이도 쉽게 해내는 개와 고양이 구분은 인공지능에게 너무도 어려운 과제였다. '털로 덮인 네발짐승'을 개로 정의하도록 인공지능에 입력해놓으면 고양이도, 돼지도, 소도 다 개라고 인식해버렸다. 이 때문에 인간에게 쉬운 것은 인공지능에게 어렵고, 반대로 인공지능에게 쉬운 것은 인간에게 어렵다는 '모라벡의 패러독스'라는 말까지 생겨났다.

1956년 미국 다트머스 대학에서 열린 회의에서 '인공지능(Artificial Intelligence, AI)'이라는 개념이 처음 나온 뒤 아주 오랜 기간 인공지능의 발전은 수시로 한계에 부딪혔다. 개 한 마리도 알아보지 못하는 인공지능에게 세상을 이해시키기는 역부족이라고 체념한 과학자들은 연구에 흥미를 잃기 일쑤였다.

인공지능이 비약적으로 발전하면서 갑자기 똑똑해진 것은 불과 최근 몇 년 사이의 일이다. '빅데이터(Big Data)'와 '딥러닝(Deep learning)'이라는 두 날개 덕분이다. 어느 순간부터 우리는 빅데이터라는 말을 심심치 않게 듣는다. 빅데이터를 분석해 인간의 생각과 행동 패턴을 예상하는 전문가도 미디어에 종종 등장한다.

빅데이터는 말 그대로 방대한 규모의 데이터다. 디지털 세상이 되면서 매시간 매초 어마어마한 양의 데이터가 다양하게 쌓이고 있다. 인터넷과 모바일 기기 사용이 보편화되면서 사람들의 일거수일투족이 데이터화되고 있다. 한 사람이 하루를 어떻게 보냈는지 알려면 인터넷 검색 기록, SNS, 이메일, CCTV 등 그가 남긴 데이터만 살펴봐도 충분하다.

미국 IT전문 시장조사기관인 IDC에 따르면 2010년 전 세계 디지털 데이터의 양이 1제타바이트(1제타바이트=1조 기가바이트)를 넘어섰다. 쉽게 설명하자면 1제타바이트는 미 의회도서관 인쇄물의 10억 배에 해당하는 정보량이라고 한다. 2012년 한 해 동안에는 전 세계에서 2.8제타바이트의 데이터가 만들어졌는데, 이것은 그 이전까지 생성된 모든 데이터양을 합친 것보다도 많은 양이다. IDC는 2020년에는 35제타바이트로 데이터양이 증가할 것이라고 예상했다.

하지만 빅데이터가 단순히 많은 양을 의미하지는 않는다. 데이터의 종류도 이전과 질적으로 다르다. 예전에는 없었거나 있더라도 수집, 분석할 수 없었던 수많은 종류의 데이터가 추가되었다. 예를 들면 비디오나 사진, 이미지 같은 비정형 데이터 같은 것들이다.

그런데 이렇게 많은 양과 종류의 데이터가 있더라도 이를 수집, 가공, 분석하는 처리 능력이 없다면 아무 소용이 없다. 게다가 처리 속도가 느리다면 그 또한 무용지물일 것이다. 딥러닝 기술이 이를 해결했다. 딥러닝은 인간의 뇌가 사물을 인식하는 과정을 모방한 신기술이다. 말하자면 뇌 속의 뉴런 네트워크와 같다. 인공지능이 수많은 데이터를 읽어들이고 그 속에 숨어 있는 패턴을 스스로 찾아내 빅데이터를 재빨리 분류하고 분석해내는 방식이다.

마이크로소프트는 개 사진을 제시하면 컴퓨터가 품종을 알아맞히는 딥러닝 기술 '프로젝트 아담'을 2014년 공개한 바 있다. 아담에게 사진을 주면서 어떤 개인지 하나하나 알려주는 것이 아니라 아담 스스로 수많은 데이터를 통해 학습하여 개를 구분한다. 아담은 사진을 보고 웰시 코기 종임을 아는 수준을 뛰어넘어 카디건 웰시 코기인지 펨브로크 웰시 코기인지까지 구분할 수 있을 정도다.

인공지능 시대,
인간이 악마를 소환할 것인가

—

인공지능이 이토록 강력해지게 된 데에는 우리 모두의 공로가 크다. 매일 SNS에 올리는 수많은 사진과 글을 비롯한 인터넷상의 무궁무진한 빅데이터가 인공지능을 학습시키고 있으니 말이다.

무엇보다 빅데이터와 딥러닝의 가장 큰 장점은 과거와 현재를 바탕으로 미래를 예측하여 새로운 가치를 창출할 수 있다는 점이다. 데이터를 분석해 6개월 후에 뜰 스타를 찾을 수도 있고, 특정 제품을 구입한 사람들의 소비 패턴을 분석해 그다음에 살 제품을 예측할 수도 있다. 유튜브가 개별 사용자마다 다른 추천영상을 제공하는 것처럼, 미리 유사 집단에서 선호하는 것을 분석해 추천함으로써 드러나지 않은 욕구를 자극해 특정 행동이나 소비를 이끌어낼 수도 있다. 더 나아가 독감이 유행할 지역을 예측할 수도 있고, 땅값이 오르는 지역도 찾아낼 수 있다.

똑똑한 인공지능 덕분에 우리가 사는 세상이 점점 멋지게 변하고 있는 것처럼 보인다. 그런데 점점 더 인간을 닮아가고 있는 인공지능이 혹시 닮는 것을 넘어서 인간을 배반하지는 않을까? 인공지능이 인간 세상을 파괴하는 건 과연 SF 영화에만 등장하는 이야기일까? 지금까지 우리는 인공지능의 선한 면, 지킬박사의 얼굴을 보았다. 이제 인공지능의 또 다른 면, 하이드 씨의 얼굴을 볼 차례다.

세계적인 물리학자 스티븐 호킹 박사는 "인공지능이 인류의 종말을 불러올 수 있다"며 "인공지능이 100년 안에 인류를 넘어설 것"이라고 경고했다. 마이크로소프트의 창업자 빌 게이츠 역시 "인공지능이 인류에 위협이 될 수 있다"고 했고, 영화 〈아이언맨〉의 실제 모델이자 스페이스X와 테슬라의 최고경영자인 일론 머스크는 "인공지능은 악마를 소환하는 일"이라는 무시무시한 말을 남기기도 했다.

2015년 7월에는 스티븐 호킹 박사, 일론 머스크, 애플의 공동창업자 스티브 워즈니악 등 세계적인 석학과 기업가 1000여 명이 인공지능 개발의 위험성에 대해 경고하는 공개서한에 서명했다. 이들은 서한에서 인공지능 자동화 무기의 개발을 금지할 것을 주장했다.

인공지능 자동화 무기는 공격 대상을 미리 설정해 놓으면 인간의 개입 없이도 살상을 자체적으로 결정할 수 있다. 누구의 손에 들어가느냐에 따라 '인종 청소'가 가능한 무시무시한 존재가 될 수 있다. 핵무기처럼 재료를 구하기가 어렵지 않기 때문에 대량생산되기도 쉽다. 이미 50개국 이상에서 전투용 로봇 개발이 진행되는 실정이다.

테러리스트와 같은 세력이 인공지능 무기를 가지지 못하도록 잘 막으면 된다고 말할 수 있다. 하지만 평화를 사랑했던 노벨이 만든 다이너마이트가 전쟁에 사용되어 무수한 인명을 해쳤던 역사를 우리는 가지고 있다. 게다가 스티븐 호킹은 인공지능이 스스로를 업그레이드해 인간의 통제를 넘어서면 테러리스트보다 더 무서운 존재가 될 것이라고 경고한다. 그는 "그런 일이 일어났을 때 컴퓨터가 인간과 일치하는 목표를 가지도록 확실히 해둘 필요가 있다"고 못 박는다.

그러나 인공지능에 대한 이러한 우려는 영화 〈터미네이터 제니시스〉에 등장하는 T-3000만큼이나 비현실적이다. 아직은 달나라 이야기처럼 느껴지는 것이 사실이다.

그렇다면 일자리 문제는 어떠한가? 글의 첫머리에서 소개했던 일본의 로봇 호텔로 다시 돌아가 보자.

2030년까지 20억 개의 일자리가 사라진다

—

로봇 호텔의 경우 경비와 청소를 제외한 대부분의 업무를 로봇이 담당하면서 인건비를 대폭 줄일 수 있었다. 그 덕분에 숙박비가 인근 동급 호텔의 절반밖에 안 된다.

그 외에도 사람의 일자리를 로봇이 대신하는 예는 쉽게 찾을 수 있다. 미국의 로봇 제조사 '리싱크 로보틱스'에서 만든 두 팔 로봇 '백스터'는 반복적인 일은 무엇이든 할 수 있다. 백스터는 24시간 일할 수 있고, 휴가도 필요 없고, 잠을 자지 않아도 된다. 백스터의 가격은 약 3000만 원으로, 미국 노동자들의 평균 연봉보다 낮다. 또 딸기를 수확하는 '애그로봇'은 14개의 팔에 금속 바구니와 색깔을 감지하는 센서가 달려 있는데, 단순히 딸기를 따는 데 그치지 않는다. 익지 않은 딸기는 지나치고 잘 익은 딸기만 골라 따 바구니에 담을 수 있다.

◆ 미국 산업용 로봇 수 vs 제조업 노동자 수

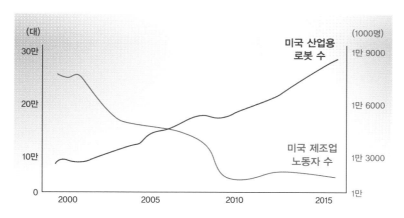

미국 산업용 로봇 수는 지난 2000년 이후로 가파르게 증가하고 있는 반면, 사람의 일자리는 점점 줄어들고 있다. 그런데 이러한 현상이 미국만의 일일까? (출처: 세계로봇연맹, 신한금융투자)

　미국의 산업용 로봇 수는 지난 2000년 이후 가파르게 증가하고 있다. 2000년 9만 대에서 2014년 25만 대로 로봇이 3배 가까이 많아졌다. 그와 정반대로 노동자의 숫자는 반비례하여 줄어들고 있다. 이는 비단 미국만의 일이 아니다. 세계에서 가장 많은 노동력을 로봇으로 대체하고 있는 나라가 어디일까? 놀랍게도 바로 대한민국이다. 한국은 근로자 1만 명당 약 400대의 로봇을 사용하고 있는데, 이는 로봇 강국인 일본, 제조업 강국인 독일, 세계 경제대국인 미국보다도 더 높은 수치다. 그리고 앞으로 10년 뒤, 한국은 로봇을 사용해 인건비를 가장 많이 줄이는 나라가 될 것으로 예상된다.

　로봇은 원래 힘든 육체노동을 대신하여 인류에게 여유와 편리함을 가져다주기 위해 생겨났다. 체코의 극작가 카렐 차페크가 1920년대 자신의 희곡에서 '로봇'이라는 말을 처음 썼을 때부터, 로봇은 인간을 대신해서 힘든 일을 하는 존재였다. 로봇은 '노동'을 뜻하는 체코어 '로보타(robota)'에서 나온 말이다.

그런데 고도의 인공지능을 탑재한 로봇이 이제는 육체적 노동을 넘어서 인간의 거의 모든 일자리를 위협하고 있다. 영국 옥스퍼드 대학의 칼 프레이와 마이클 오스본 교수는 2013년 〈고용의 미래: 우리의 직업은 컴퓨터화에 얼마나 민감한가〉라는 논문에서 미국에서 향후 20년 내에 직업의 47퍼센트가 컴퓨터나 로봇에게 빼앗길 위험이 있다고 지적했다. 또 미래학자 토마스 프레이는 2030년까지 전 세계적으로 약 20억 개의 일자리가 로봇과 컴퓨터 알고리즘 때문에 사라질 것으로 내다봤다.

실제로 미국에서는 변호사들 가운데 상당수가 판례를 검색하고 정리하던 직원을 해고했다. 퀴즈쇼에서 인간을 이겼던 왓슨이 판례를 찾는 속도가 첫해 근무를 시작한 변호사들보다 빠르다고 하니 그럴 만도 하다. 도서관의 사서도 빠르게 사라지는 직업 가운데 하나다. 엑스레이를 판독해 폐암인지 알아내는 능력도 인공지능이 인간보다 월등하다. 〈AP통신〉, 〈LA타임스〉, 〈포브스〉 등의 유수 언론들은 인공지능 소프트웨어를 이용해 단신 기사를 작성하고 있는데, 초당 9.5개의 기사를 생산할 수 있다. 심지어 똑같은 내용의 스포츠 기사를 각 팬의 시각에 따라 맞춤형으로 작성하는 것도 가능하다고 한다. 인공지능과 경쟁하는 일자리 문제는 먼 훗날 다가올 미래 세대의 문제가 아니라 당장 우리 앞에 닥친 현실이다.

인공지능이 흉내 낼 수 없는
인간 마음의 가치

—

명확한 사실은 인공지능에 보고 싶지 않은 하이드 씨의 얼굴이 있다 하더라도 이미 거스를 수 없는 흐름이라는 점이다. 현대인은 이미 인터넷과 휴대전화가 없는 삶을 상상할 수 없게 되었다. 문명의 혜택을 포기할 수 없다면 좋든 싫든 인공지능 시대를 살아가야 한다. 그렇다면 어떤 태도를 취해야 할까?

우선 너무 불안에 떨 필요는 없을 것 같다. 로봇회사 '아이로봇'의 공동설립자이자 '리싱크 로보틱스'의 최고경영자인 로드니 브룩스는 "인간을 지배하려는 로봇이 만들어질 확률은 마차를 수리하면서 우연히 747 점보제트기를 만들 확률과 비슷하다"고 말한다.

한국의 미래학자이자 IT 전문가인 정지훈 교수도 "인공지능이 우리 인간을 뛰어넘기에는 본질적 한계가 있다"며 일본의 로봇 장례식을 예로 들었다. 소니는 1999년 최초의 애완로봇 아이보를 판매했는데, 부품 판매가 중단되면서 2015년 아이보의 주인들이 망가진 로봇의 합동 장례식을 치른 적이 있다. 정 교수는 그 반대의 경우, 즉 인공지능의 주인이 아프거나 죽었을 때 인공지능이 인간처럼 슬퍼하면서 눈물을 흘리겠느냐고 반문한다. 인공지능에는 자의식이 없다. 인공지능 아담이 사람보다 정확하게 개의 종류를 맞힌다 하더라도, 주인이 키우는 반려견이 사라졌을 때 슬퍼하거나 스스로 강아지를 찾아야겠다는 생각은 하지 않는다. 인공지능이 음악을 작곡할 수는 있지만 예술의 아름다움은 알지 못한다.

결국 인공지능에는 마음이 없다는 이야기다. 단지 프로그램에 입력된 일만 수행하면서 인간의 흉내를 낼 뿐이다. 이것이 인공지능의 한계다. 그러나 스티븐 호킹의 말처럼 기술이 더 발달한 미래에 인공지능이 사람과 다른 판단을 내놓는다면 그 책임은 누가 질 것인가 하는 문제는 남는다.

이에 대해 많은 학자들은 인공지능 시대에 맞게 사회 시스템을 개혁하고, 인공지능의 윤리 문제, 인공지능과 관련한 법 제정 등 예상 가능한 문제들에 대해 시뮬레이션을 해볼 것을 주장한다. 이것은 당연히 인공지능이 아닌 우리 사람의 몫이다.

미국 스탠퍼드 대학교에서는 현재 '100년 인공지능 연구(AI100)'라는 인공지능 백년대계 프로젝트가 2014년 12월에 발표되어 진행 중이다. 여기에는 전 세계 인공지능 과학자뿐 아니라, 법학자, 생명공학자 등 각 분야의 전문가들이 함께한다. 단기간이 아닌 100년이라는 긴 시간을 잡고 인공지능이 인간의 삶과 미래에 어떤 영향을 미칠지, 사회 경제에 어떤 파급력을 발휘할지 연구하기 시작한 것이다.

2015년 말에는 일론 머스크 등이 비영리 인공지능 기업 '오픈AI'를 설립하기도 했다. 이 기업은 인공지능을 인류 전체에 도움이 되는 방향으로 진화시키는 것을 목표로 세워졌으며, 개발 기술을 누구나 사용할 수 있도록 무료로 공개할 방침이다. 오픈AI 측은 "무료 공개한 연구 성과를 이용해 악당이 세계 정복을 꾀한다면 어떻게 할 것인가?"라는 질문에 "인간 수준의 인공지능이 잘못 쓰인다면 그 피해가 엄청날 것이다. 하지만 대부분의 인간은 선량하다는 점을 간과해서는 안 된다. 특히 강력한 인공지능이 하나만 존재하는 것보다 많은 숫자의 인공지능이 존재하는 것이 악의 존재를 막는 좋은 방안이 될 것."이라고 대답했다. 인공지능을 더욱 넓고 평등한 형태로 안전하게 발전시켜야 한다는 뜻이다.

손가락을 만들지 않는 일본의 로봇 회사

인공지능 개발자가 반드시 염두에 두어야 할 로봇 3원칙도 있다. 미국 SF의 거장 아이작 아시모프가 자신의 소설에서 제안한 로봇의 작동 원리인데, 다음과 같다. 제1원칙, 로봇은 인간에게 해를 입혀서는 안 되며 위험에 처한 인간을 모른 척해서도 안 된다. 제2원칙, (제1원칙에 위배되지 않는 한) 로봇은 인간의 명령에 복종해야 한다. 제3원칙, (제1원칙과 제2원칙에 위배되지 않는 한) 로봇은 로봇 자신을 지켜야 한다.

일본의 한 로봇 회사는 자신들의 로봇이 범죄나 전쟁, 테러에 이용되지 않도록 로봇에 손가락을 만들지 않았다. 폭탄을 들고 테러리스트가 되는 것을 막기 위해서다. 또 범죄에 악용되지 않도록 사진을 찍을 때는 반드시 소리를 내도록 만들었다. 이렇듯 인공지능을 개발하고 발전시키는 사람의 판단과 노력이 올바른 방향을 향해 있는 것이 가장 중요하다.

일자리 문제도 마찬가지다. 경제논리로만 인공지능 시대를 맞이한다면 사회는 절망에 빠지고 말 것이다. 미국에서 지난 15년간 임금 상승이 정체되고 빈부격차가 확대된 이유 가운데 하나가 로봇과 자동화 때문이라는 연구 결과도 있다. '인간'을 생각하지 않고 '효율성'만을 따진다면 앞으로 실업자는 늘어만 가고 소득 격차는 점점 더 벌어질 것이다.

물론 기술 발전이 일자리를 사라지게 만드는 것은 분명하다. 버스 안내원, 전화 교환수, 굴뚝 청소부 등과 같은 직업이 기술 발전과 함께 사라졌고, 주판을 쓰는 직업 역시 컴퓨터 때문에 사라진 지 오래다. 하지만 그 대신 생겨난 직업도 많다. 컴퓨터가 발명된 덕분에 IT, 반도체, 게임 등 수많은 고부가가치 산업이 탄생했다. 인공지능과 관련한 일자리도 계속 늘어날 것이다. 어쩌면 일자리는 사라지는 게 아니라 이동한다는 것이 더 적절한 표현일지 모른다.

그렇다면 일자리를 빼앗기지 않으면서 기술 발전을 반갑게 맞이하는 방법은 없을까? 인간과 기술의 공존이라는 가치를 택한 독일이 우리에게 좋은 가르침을 준다. 독일은 제조업과 IT 기술을 융합해서 제조업 경쟁력을 키우는 '인더스트리 4.0' 전략을 세우고, 제조업에서 완전한 자동생산체계를 구축하고 생산 과정을 최적화하는 데 힘쓰고 있다.

독일의 전기전자기업 지멘스의 엠버그 공장이 그 좋은 예다. 이곳은 자동화 시스템에 인공지능을 도입해서 생산성을 여덟 배나 향상시켰지만 놀랍게도 기존과 동일한 고용 인력을 유지하고 있다. 직원들의 업무를 단순 작업이 아닌 개발과 연구 등으로 확장시킨 덕분이다.

미국의 매사추세츠 종합병원에서 의료 분야 인공지능 개발을 주도하고 있는 데이비드 팅 박사는 인공지능이 기존에 의사가 하던 일의 많은 부분을 하게 될 것으로 내다봤다. 그렇다고 인공지능이 의사를 대체하는 것은 아니다. 인공지능이 필요한 기록을 단번에 찾아내고 진료 추적까지 해줌으로써 의사는 잡무에서 벗어나 고차원적인 일을 할 수 있다. 인공지능이 의사의 믿음직한 파트너로 활동하는 것이다. 의사는 환자를 진료할 때 컴퓨터가 알아서 데이터를 기록하기 때문에 환자에게 더 집중할 수 있다. 그 덕분에 환자는 의사에게 더욱 정교한 상담을 받을 수 있고, 세계 어디에서나 보편적인 치료를 받을 수 있게 될 것이다. 물론 이것은 어디까지나 자본의 논리로 병원을 운영하지 않을 때의 이야기다. 이윤만을 추구한다면 의사는 로봇에 밀려날 것이고, 가난한 환자는 진료를 받을 수 없게 될지도 모른다.

결국 더불어 사는 세상에 대한 가치를 회복하는 것만이 인공지능 시대에 인류를 살릴 유일한 방안이다. 기술을 개발하는 이유가 '인간'만을 향하도록 할 수 있다면 인공지능은 하이드 씨의 얼굴을 거둘 수 있다.

인공지능과 조화를 이루는 미래, 인간의 선한 의지에 달렸다

인간의 선한 의지만 있다면 인공지능과 인간이 조화를 이루며 살아가는 것은 어려운 일이 아니다. 세계에서 고령화가 가장 빨리 시작된 나라, 일본의 요양병원에서 그 힌트를 얻을 수 있다. 요양병원에는 뇌 손상 환자들을 위해 개발된 심리치료용 로봇 파로가 있다. 물개 모양의 파로는 환자들에게 훌륭한 친구가 되어 준다. 특히 지난 후쿠시마 원전 사고 당시 이재민들의 불안한 마음을 달래는 데 큰 힘이 됐다. 또 일본에는 치매 노인을 위한 파를로라는 로봇도 있는데, 다양한 패턴으로 맞장구를 쳐주면서 할아버지, 할머니와 대화를 나눈다. 이렇게 일본에서는 복지 로봇이 심각한 초고령 저출산 시대의 해법으로 떠오르고 있다.

인공지능 기술을 제대로 이용하여 사회 전체에 이익을 가져다주는 예는 인구대국 중국에서도 찾을 수 있다. 중국의 대도시는 뿌연 스모그 때문에 바로 앞의 사람도 보이지 않고 마스크가 없으면 외출조차

할 수 없을 정도인 날이 많다. 국가적 재난으로 떠오른 이 대기오염을 완화하기 위해 중국 정부는 오염 원인을 분석하고 대안을 모색하는 인공지능 시스템을 도입했다. 이 실험이 성공한다면 머지않아 우리도 중국발 미세먼지에서 해방될 수 있을지도 모른다.

지난 2011년 엄청난 희생자를 낸 후쿠시마 원전 사고 때 발전소의 밸브 하나를 로봇이 대신 잠글 수 있었다면 어땠을까? 2015년 대한민국을 공포로 몰아넣었던 메르스 사태 때 인공지능과 빅데이터를 잘 활용해 메르스 감염을 조기에 차단했다면 어땠을까? 인공지능은 사람의 능력으로는 불가능했던 많은 일들을 가능하게 하고, 기후변화, 질병, 범죄, 재해 등 인류를 위협하는 수많은 문제들도 해결할 수 있다.

인류가 문명을 이룩할 수 있었던 것은 연산과 같은 능력 때문이 아니었다. 희생, 양보, 사랑과 같은 인간 본연의 숭고한 정신이 그 바탕이었다. 기계들이 아무리 똑똑해진다 해도 인류가 고난과 좌절을 극복하고 획득한 자유, 인권, 민주주의를 이룰 수는 없다. 그러니 결국 인공지능이 인류 문명과 아름답게 공존하는 미래를 만드는 열쇠는 인간의 손에 있다.

인공지능, 그 두렵고도 매혹적인 미래

나원식 PD

처음에 인공지능을 다루기로 한 이유는 단순했다. 미래 산업과 생활을 얘기할 때면 절대 빠지지 않는 단어이니까. 각종 언론과 블로그 등에서 너무나도 '핫'하게 언급되어 오히려 진부하지 않을까 걱정했을 정도다. 이제는 일상어가 된 인공지능. 우리는 인공지능과 함께하는 미래를 어떻게 생각하고 있을까?

Scene 1. 가까운 미래의 어느 날 아침, 가사 도우미 로봇이 향기로운 커피와 베이글을 식탁 위에 차려놓고 당신을 부른다. 현관문을 나서니 자율주행차가 탑승을 기다리고 있다. 출근 도중 인공지능 비서가 중요도에 따라 분류한 이메일을 체크한다. 답장을 보내려고 직접 타이핑할 필요는 없다. 구두로 내용을 불러주고 비서가 자동 완성한 문장을 검토만 하면 된다. 오전 업무를 마칠 때쯤 인공지능 비서가 추천하는 점심메뉴를 예약한다.

취재하면서 만난 대부분의 개발자는 인공지능이 기존 산업과 전체적인 사회구조를 최적화하는 데 엄청난 역량을 발휘할 것으로 굳게 믿고 있었다. 인간만이 가능할 것으로 생각했던 사물인지능력과 추론 등을 빅데이터 입력과 딥러닝으로 학습한 인공지능이 이미 사람을 능가하는 결과물을 생산해내고 있으니 말이다. 이제 인간은 인공지능을 탑재한 로봇과 인공지능 비서 등을 사용해 육체노동과 잡무에서 벗어나 진정으로 인간다운 삶을 누리는 유토피아를 맞이할 것이라는 장밋빛 전망이 만개해 있었다.

그러나 이어지는 당연한 질문이 하나 있다. 그렇다면 인간의 일자리는 어떻게 될까? 로봇이 인간의 일을 대체한다면 지금도 부족한 일자리가 더 급격히 줄어들지 않을까? 실제로 많은 미래학자들은 이것이 실질적인 위협이 될 것이라고 전망하고 있다.

Scene 2. 조금 더 먼 미래의 어느 날. 이제 지구에 인간을 필요로 하는 일은 없다. 단순노무에 종사하는 공장 노동자라는 직업은 이미 사라진 지 오래다. 로봇이 거의 모든 생산활동을 도맡고 있다. 의사나 변호사와 같은 전문직도 필요 없어졌다. 인간보다 더 정확하게 병을 진단하고 각종 전문 서비스를 제공하는 인공지능이 지식노동자의 일자리를 완벽히 대체하고 있다. 이제 사람들은 일터에서 쫓겨나 거리를 방황한다. 예술가들도 설 자리를 잃었

다. 완벽한 연주를 해내는 로봇, 사람보다 더욱 감성적인 예술품을 만들어내는 인공지능이 등장했다. 넌덜머리가 난 사람들 사이에서 로봇을 완전히 없애야 한다고 주장하는 급진 정당이 인기를 얻고 있다.

너무 극단적인 상상일까? 하지만 이미 2011년 IBM이 개발한 왓슨은 미국의 인기 퀴즈쇼 〈제퍼디〉에서 인간보다 훨씬 뛰어난 능력을 선보이며 우승을 거머쥐었다. 왓슨은 인간의 자연어를 거의 완벽하게 이해해 금융, 의료 분야에서 실질적으로 사용될 예정이다. 예술 분야도 마찬가지다. 연주 로봇, 그림 그리는 로봇, 작곡 로봇 등 인간의 창의성이 필요한 분야에서도 인공지능이 속속 성과를 올리고 있다. 〈명견만리〉 프로그램에서는 인공지능의 발전이 오히려 기회이며 산업을 한 단계 더 도약시켜 새로운 일자리를 만들어낼 것이라고 낙관적인 전망을 했지만 걱정되는 것도 사실이다.

게다가 인공지능 개발에 대해 근본적인 회의를 갖게 하는 지적들이 있다. 미래학자 레이 커즈와일은 이미 기술의 발전이 엄청난 가속도를 내기 시작한 '특이점(singularity, 인간의 사고능력을 획기적으로 발달시키는 기술이 구현돼 기계가 인간을 초월하는 순간)'에 들어섰다고 말한다. 이러한 추세가 계속된다면 '강한(strong) 인공지능'이 등장하는 것도 시간문제라는 전망을 하는 전문가들이 늘어나고 있다. 현재의 인공지능이 사람이 시키는 일,

사람이 정해놓은 일만 할 수 있는 '약한(weak) 인공지능'이라면, 강한 인공지능은 자의식을 가지고 자기가 필요하다고 생각한 일을 할 수 있다. 이는 즉 인간이 만들어낸 기계가 스스로 의지를 갖게 된다는 뜻이다. 김대식 카이스트 교수는 향후 50년 안에 강한 인공지능이 만들어질 것이라고 예측했다. 기술을 넘어서는 기술, 인간보다 더 강한 그 무엇이 탄생할지도 모를 일이다.

 # Scene 3. 더욱 먼 미래의 어느 날. 인간이라는 종(種)은 사라졌다. 아주 일부 지역에 원시 상태의 인간이 살아남았을 뿐이다. 지구 전체의 일을 관장하는 궁극의 인공지능이 생명 다양성을 확보하기 위해 마치 동물원처럼 남겨놓은 것이다. 그 이전에 인간과 인공지능 간의 격렬한 전쟁이 벌어졌고 인간은 전쟁에서 패배했다. 인공지능은 지구 생태계에서 가장 유해한 존재가 인간이라고 판단한 것이다.

 당신은 어떻게 생각하는가? 〈터미네이터〉나 〈아이로봇〉과 같은 영화는 상상에 불과할까? 인공지능은 인간의 통제를 벗어나 폭주하게 될까? 아니면 인간과 자연이 서로 상생하며 살아갈 수 있게 만드는 궁극의 도구가 될까?
 취재를 마치면서 내린 결론은 다음과 같다. '인공지능 그 자체는 선도 악도 아니다. 다만 우리가 어떻게 사용하는가, 어떻게 살아가는가에 따라 그 끝단의 모습이 바뀔 것이다.'

기술은 효율성과 생산성을 극한까지 높여주겠지만 인간이 살아가는 의미를 알려주지는 못한다. 인공지능으로 인류에게 위기가 닥친다면 그것은 바로 철학의 부재(不在) 때문일 것이다. 테크놀로지의 발전이 정점에 달할 21세기에 더욱 필요한 것은 올바른 철학과 세계관 아닐까? 인류는 인공지능을 사용해 우주와 생명의 비밀에 한 발짝 더 접근할 수 있고 평화롭고 풍요로운 세상을 만들어갈 수 있다. 인공지능은 인류의 발전을 함께하는 친구가 될 것이다.

하지만 우리가 무엇을 위해 인공지능을 개발하는지 도덕적으로 사유하지 않고 올바른 사용에 대한 사회적 합의를 이끌어낼 수 없다면, 오히려 통제할 수 없는 해악이 되어 인류를 해치게 될 것이다. 인공지능을 더 많은 핵무기를 만드는 데 사용한다면, 자연을 고려하지 않고 지구의 모든 자원을 끝까지 소비하는 데 골몰한다면, 효율성에 집착해 비인간적인 노동을 강요한다면….

전쟁과 착취를 일삼고 자연을 파괴하는 인간에 대해, 자의식을 갖게 된 인공지능이 인류가 없어져야 지구의 평화가 온다는 논리로 우리를 공격해도 할 말이 없을 것이다. 단순히 일자리를 잃어버리는 것뿐 아니라 기계에 예속된 삶을 살아가는 SF 속 디스토피아도 불가능한 얘기가 아니다.

　인공지능, 이 두렵고도 매혹적인 미래의 기관차는 현명한 인간이라는 탑승자를 기다리고 있다. 우리는 준비가 되었는가?

明見萬里

4 장

누구나 천재가 될 수 있는 시대

—

개방하라, 공유하라, '플랫폼 시대'의 혁신을 말하다

明
見
萬
里

엄청난 인력과 자본, 시간을 들여 신차를 만들고,

기능과 디자인을 꽁꽁 숨겨두었다가

화려한 신차발표회를 열어 세상에 공개한다.

그러나 이제까지와 정반대되는 사례가 있다.

직원은 단 열두 명.

창업 18개월 만에 사막 경주용 자동차가 만들어졌다.

도대체 이런 일이 어떻게 가능했을까.

누구나
천재가 될 수 있는 시대

> 개방하라, 공유하라, '플랫폼 시대'의 혁신을 말하다

도대체 플랫폼이 무엇인가

—

"제품만 만들지 말고, 플랫폼을 만들어라.(Don't just build a product, build a platform.)"

실리콘밸리에서 통용되는 이 말처럼, 오늘날 글로벌 기업의 혁신코드는 플랫폼이다. 오늘날 산업은 빠르게 플랫폼 중심으로 재편되고 있다. 플랫폼의 막강한 힘은 전 세계 기업의 순위를 바꾸어놓았다. 애플을 포함해 오랫동안 플랫폼에 투자해온 구글, 마이크로소프트, 페이스북 등과 같은 IT 기업들이 기존의 경쟁 구도를 재편했다. 국내외 많은 기업들이 플랫폼에 투자하고 더 많은 관심을 기울이는 이유다.

플랫폼은 본래 기차역의 승강장을 지칭하지만, 오늘날에는 더욱 다양한 의미로 쓰인다. 어떠한 계획이나 목적에 따라 사람들이 모이는 장(場)이 형성되면 그것을 플랫폼이라고 할 수 있다. 예를 들어 다양한 판매자와 구매자가 모이는 전통시장은 개방과 공유가 바탕인 훌륭한 플랫폼이다. 여러 사람이 모여 의견을 나누고 소통하는 토론회장이나 회의실 같은 장소도 플랫폼으로 이해할 수 있다.

플랫폼이 지금과 같이 주목받기 시작한 것은 인터넷과 모바일 덕분이다. 물리적 한계가 분명한 오프라인 플랫폼에 비해, 정보통신기술의 혁신적 발전으로 이룩한 가상공간에서의 플랫폼은 개방과 공유에 무한한 가능성을 열어주었다. 시간과 장소에 더 이상 구애받지 않게 된 것이다. 우리는 페이스북, 트위터, 카카오톡 등의 SNS 플랫폼을 통해 전 세계 사람들과 실시간으로 소통하고, 구글, 네이버 같은 검색 플랫폼에서 엄청난 정보를 찾으며, 백화점이나 쇼핑몰이 아니라 아마존 등의 다양한 전자상거래 플랫폼에서 더 많은 쇼핑을 즐긴다.

플랫폼은 오늘날 단순한 대인 간의 만남의 공간 그 이상의 의미다. 플랫폼 위에서 서비스와 서비스가 만나고 기술과 기술이 만나는 등 무궁무진한 새로운 가치로 확장되고 확산된다. 더 이상 제품으로 경쟁하는 시대는 지났다. 가시적인 실체도, 손에 잡히는 그 무엇도 없는 플랫폼이 세상을 바꾸고 있다. 플랫폼 혁명의 핵심은 하드웨어적 사고가 아닌 소프트웨어적 사고다. 사람과 사람이 모이고 누구나 참여해 아이디어를 나누면서, 하나의 천재가 아닌 다수가 참여하여 순식

간에 변화를 만들어낸다. 이 플랫폼 혁신은 지금 어떤 현실을 만들어
내고 있는가.

실리콘밸리는
어떻게 플랫폼적 혁신을 이루는가
—

미국 캘리포니아 주에 위치한 첨단기술 산업단지 실리콘밸리. 이곳
에 구글, 페이스북, 애플, 트위터, 페이팔 등 스마트혁명을 주도한 글
로벌 기업들이 모두 모여 있다. 그런데 불과 15년 전만 해도 실리콘밸
리는 패배주의에 빠져 있었다. 당시 소니, 파나소닉 등 일본 제품이 세
계를 장악했고, 미국은 '일본에 졌다'고 생각했다.

하지만 실리콘밸리는 개방과 공유의 플랫폼 정신으로 혁신을 이루
었고, 결국 폐쇄적인 일본의 제조업 문화를 압도했다. 실리콘밸리가
개방의 문화를 꽃피울 수 있었던 것은 인터넷, 모바일이라는 시대적
전환 속에서 새로운 생태계를 구축했기 때문이다.

실리콘밸리는 어떻게 플랫폼적 혁신을 이루었을까? 그 배후에는 열
린 개발자 생태계가 있다. 실리콘밸리의 대표주자인 애플은 매년 6월
애플 세계 개발자 회의(WWDC, Apple Worldwide Developers Conference)를 개최
한다. WWDC에서는 애플의 새로운 소프트웨어와 기술들이 공개된
다. 애플은 매년 5000여 명 이상이 참여하는 이 회의에서 개발자들과

실리콘밸리 기업들은 개방과 공유를 통해 혁신하며 세계 시장을 이끌어가고 있다. 왼쪽은 2008년 WWDC에서 아이폰의 새로운 기능을 소개하는 스티브 잡스. 오른쪽은 구글의 카드보드.

의 활발한 상호작용을 통해 발전해왔다.

구글은 더 나아가 운영체제 특허기술 API를 전면 공개하는 등 매우 개방적인 플랫폼을 구축해놓았다. 구글이 오랜 시간 투자 및 개발한 독자적인 특허기술을 모두 공개하는 것은 매우 이례적인 행보였다. 이 특허기술을 누구나 활용할 수 있도록 모두 공개하자 새로운 장(場)이 열렸다. 개발자들은 기술을 활용해 누구나 자유롭게 애플리케이션을 개발하고, 그렇게 개발된 다양한 애플리케이션을 즐기기 위해 구매자들이 모여들었으며, 이것은 다시 플랫폼을 풍성하게 만드는 선순환을 형성했다. 이것이 열린 생태계의 힘이다.

실리콘밸리에서 새로운 제품이 만들어지는 과정 또한 마찬가지다. 구글의 '카드보드' 또한 아이디어 공유가 실제 제품으로 이어진 사례다. 골판지 종이와 광학렌즈로만 이뤄진 카드보드에 스마트폰을 끼우고 특정 앱을 실행하면 가상현실을 체험할 수 있다. 구글은 카드보드의 정식 도면을 홈페이지에 공개하고 이를 개인이나 기업이 자유롭게 만들어 쓰고 판매할 수 있도록 했다.

그런데 이들은 무엇을 믿고 자신의 특허기술을 개방하고 공유할까? 대한민국의 대표 1세대 벤처 기업인인 카이스트 이민화 교수는 신뢰 문화가 근저에 있다고 말한다.

"내가 내 것을 열면 상대방도 자기 것을 열 것이라는 신뢰가 기본 바탕에 깔려 있습니다. 누군가가 플랫폼을 만들면 그 플랫폼 운영자가 탐욕스럽게 자기 이익만을 취하지 않으리라는 믿음이 있는 것이죠. 이러한 문화는 하루아침에 생기지 않아요. 투명하게 선순환하는 구조 속에서 형성됩니다."

즉, 누군가가 새로운 가치를 창출하면 그것으로부터 도움을 받은 누군가가 또 다른 가치를 창출해 함께 나누는 선순환이 끊임없이 이루어진다는 것. 새롭게 창출된 가치를 혼자 독식하지 않고 분배하는 선순환 구조가 있었기에 실리콘밸리의 혁신은 가능했다.

오랫동안 실리콘밸리에서 일한 김현유 구글 상무는 "공유가 전체 경쟁력을 키운다는 사실을 그들은 너무나 잘 알고 있다"고 말한다. "'이건 내 제품이고, 내 제품을 위한 것들은 나만 만들 거야'라고 생각하다 보면 점점 더 폐쇄적일 수밖에 없어요. 그런데 실리콘밸리의 많은 기업들은 '이건 내 거야. 그런데 이 위에서 돌아갈 수 있는 것들은 너희가 다 만들어줘. 그러면 그건 네 거야'라고 해요. 그들은 그렇게 함으로써 결국 '내 것'도 좋아진다는 사실을 수없이 경험했죠. 실리콘밸리의 기업들이 더욱 개방하고 공유하는 이유입니다."

실리콘밸리의 혁신은 이제 더 이상 '내 것'만을 끌어안는 탐욕만으로는 발전할 수 없음을 보여준다. 개방과 공유를 바탕으로 한 혁신의 문화. 실리콘밸리에서 시작된 변화는 이미 우리 곁에 와 있다.

개방과 공유는 어떻게 전체 산업을 바꾸는가

─

IT 산업으로부터 촉발된 개방적 플랫폼 혁신은 모든 산업 분야로 확대되고 있다. 전통적인 자동차 산업에서부터 스마트 시계와 같은 다양한 웨어러블 기기까지, 각 산업 분야에서 사람과 사람을 연결하고 기술을 공유하는 생태계를 구축해나가고 있다.

2014년 6월, 미국 전기차 업체인 테슬라 모터스는 배터리 과열 방지 기술과 급속충전 기술인 슈퍼차저 기술을 포함해 자사가 보유한 전기차 특허기술 1400여 개를 무료로 공개했다. 토요타 또한 2015년 1월 세계전자제품박람회(International Consumer Electronics Show, CES)에서 수소차 특허 5680개를 전면 공개했다. 이들이 엄청난 자본과 시간을 투자해 개발한 자사의 독점기술을 공개하는 이유는 무엇일까.

토요타 북미법인의 부사장인 니하르 파텔은 동반 성장의 가치에 주목했다. "우리의 노하우를 사람들에게 제공함으로써 더욱 새로운 것을 창조하고 그 혜택을 공유할 수 있습니다. 우리는 모두 함께 성장할 수 있습니다."

특히 2003년 설립 이래 세계 전기차 시장을 선도하고 있는 테슬라의 파격적인 행보는 단연 화제다. 테슬라의 CEO 일론 머스크는 "독점적 기술을 공개하고 공유하는 것이 우리의 미래를 준비하는 길"이라며 "인류의 미래를 위해 테슬라가 전기차 시대를 여는 촉매가 되기를 바란다"고 기술 공개 이유를 밝혔다.

"다른 회사들의 문의를 많이 받았습니다. 우리의 전기차 특허를 쓰라고 했어요. 변화는 시작되고 있다고 생각합니다. 그들이 우리의 특허를 사용하는 것이 기쁩니다."

영화 〈아이언맨〉의 주인공 토니 스타크의 실제 모델로도 유명한 일론 머스크는 제2의 스티브 잡스로 불리며 21세기 혁신을 주도하고 있다. 테슬라가 2018년 출시를 앞둔 '모델 3'은 사전 예약자 수만 37만 3000명에 이르는 폭발적인 반응을 일으키며 전 세계의 이목을 다시 한 번 집중시켰다.

'모델 3'은 테슬라 전기차의 최종 목적지다. 일론 머스크는 전기차 개발 3단계 종합 계획을 수립하고 차근차근 완성시켜왔다. 2008년 출시한 테슬라의 첫 자동차 '로드스터'는 전기차는 느리고 주행거리도 짧으며 성능도 안 좋다는 편견을 일거에 깨부수었다. 2단계로 출시된 세단형 '모델 S'(2012)와 SUV 차량 '모델 X'(2015)는 '비싼 장난감'이 아닌 매일 타고 다니는 운송수단으로서의 자동차였다. 그리고 마침내 대

테슬라 모터스의 CEO 일론 머스크는 자사가 보유한 전기차 특허를 공개하며 일반 대중을 위한 중저가의 전기차를 개발했다. 레고의 마인드스톰 역시 구동 프로그램의 기술을 모두 공개했다. 이들의 기술 공개는 관련 산업의 저변을 확대하고 더욱 많은 대중의 관심을 불러 모으고 있다.

량생산용 중저가형 전기차 '모델 3' 출시를 눈앞에 두고 있다. 모델 3을 연간 50만 대씩 생산하겠다는 일론 머스크의 계획에 화석연료 자동차 기업들은 촉각을 곤두세우고 있다.

공유와 개방 그리고 이를 통한 새로운 가치 창조는 문화 산업에서도 나타난다. 2014년 애니메이션 〈겨울왕국〉의 주제가인 〈렛잇고(Let it go)〉의 엄청난 인기에는 '공유'의 힘이 작용했다. 월트디즈니컴퍼니는 기존의 저작권 개념에서 벗어나 〈렛잇고〉의 리메이크를 이례적으로 허용했다. 팬들이 음악을 리메이크하고 공유할 수 있도록 제한된 권한을 공개한 것이다. 이로써 유튜브 등 인터넷상에 다양한 버전의 〈렛잇고〉가 퍼져나갔고, 이것은 〈겨울왕국〉의 인기로 선순환됐다. 공유가 없었다면 〈렛잇고〉도 〈겨울왕국〉도 신드롬 수준의 인기를 끌지는 못했을 것이다.

세계 최대의 장난감 회사 레고의 '마인드스톰' 또한 공유의 가치를 증명했다. 마인드스톰은 널리 알려진 조립식 장난감이 아니라 컴퓨터나 휴대폰으로 조작할 수 있는 미래형 로봇 장난감이다. 다년간의 연구 개발 끝에 마침내 출시된 마인드스톰은 그러나 얼마 후 레고를 움직이게 만드는 구동체제가 해킹당하는 절체절명의 위기를 맞았다. 레고는 이러한 위기를 기회로 삼았다. 바로 구동 프로그램의 기술을 모두 공개하기로 결정한 것이다.

구동 프로그램이 공개되자, 이 기술을 바탕으로 사람들은 각자의 움직이는 레고를 만들 수 있게 되었다. 기존의 마인드스톰이 회사에서 프로그래밍 해놓은 몇 개의 제품으로 국한되었던 반면, 구동체제가 공개되자 상상하지도 못한 수많은 창작물이 만들어졌다. 레고로 축구 경기를 벌이는 모습이 상상되는가? 레고로 만든 축구 선수들이 공을 넣고, 패스하고, 또 수비한다. 다양한 동물 모양과 움직임도 만들어졌는데 이 또한 마인드스톰의 기반 기술이 개방된 덕분이었다. 나아가 레고는 마인드스톰으로 기발한 제품을 만드는 대회까지 개최하고 있다.

한 명의 천재가 이끄는 시대에서
공동창조의 시대로

—

훌륭한 플랫폼은 창조의 패러다임마저 변화시킨다. 개방과 공유의 플랫폼은 한 명의 뛰어난 천재가 이끄는 시대에서 공동창조의 시대로 우리를 인도한다. 그리고 지금은 다수가 함께 창조한 결과가 더 큰 가치를 보여줄 수 있는 시대이기도 하다.

여기, 개방과 공유의 플랫폼에서 이루어진 공동창조가 얼마나 혁신적이고 효과적인지 잘 보여주는 기업이 있다. 2011년 카네기멜론 대학에서 버락 오바마 미국 대통령은 이 기업에 대한 찬사를 아끼지 않았다.

"애리조나에 로컬모터스라는 작은 회사가 있습니다. 이 회사는 미래적이고 매우 뛰어납니다. 단지 변화의 시대를 따라가는 것이 아니라 변화하는 시대의 속도를 만들어가고 있습니다. 적응하고 혁신하며 앞으로 나아가고 있습니다."

2015년 세계 4대 모터쇼 중 하나인 북미국제오토쇼 현장에 오바마 대통령이 극찬한 기업 로컬모터스가 있었다. 이 회사는 세계 최초로 3D 프린팅으로 만든 전기차 '스트라티'의 제작과정을 공개하고 시범 운행까지 성공적으로 마쳤다. 44시간 만에 3D 프린트로 실제 주행이 가능한 전기차의 차체가 완성되었다.

보통 자동차에 2만여 개의 부품이 들어가는 데 비해 스트라티에는 단 40여 개의 부품만이 들어간다. 기계장치를 제외하고 보디와 섀시를 비롯해 대시보드, 콘솔, 후드 등 차체의 주요 부분까지 한꺼번에 인쇄하기 때문이다. 그만큼 가볍고(약 200킬로그램) 고장도 적다. 게다가 탄소섬유와 열가소성 플라스틱으로 만들어져 리사이클링이 가능하다.

즉, 재료를 다시 녹여 다른 차로 만들 수 있다는 뜻이다. 이 혁신적인 전기차는 충돌테스트 등 미국 자동차 관련 안전규격 인증을 획득한 뒤 2016년 말부터 판매될 계획이다.

더욱 혁신적인 점은 스트라티가 수백 명의 아이디어로 만들어졌다는 사실이다. 이른바 공유를 통한 공동창조의 결과물이다. 스트라티는 로컬모터스의 커뮤니티 회원이자 디자이너인 미켈레 아노에가 설계했고, 206명의 커뮤니티 회원이 함께 만들었다. 로컬모터스의 CEO 존 로저스는 "공동창조야말로 혁신의 핵심"이라고 말한다.

로컬모터스의 공동창조 정신은 영화 〈트랜스포머 4〉에 등장하여 더욱 유명해진 자동차 '랠리파이터'에서도 구현되었다. 로컬모터스 최초의 자동차 랠리파이터 또한 500여 명의 창의적인 생각이 모여 만들어졌다. 덕분에 로컬모터스는 2007년 창업한 지 18개월 만에 사막 경주용 자동차 '랠리파이터'를 세상에 내놓을 수 있었다. 일반적으로 새 자동차가 세상에 나오기까지 적어도 몇 년은 걸린다는 사실을 감안하면 공동창조의 가치가 얼마나 혁신적인지 가늠할 수 있다.

가장 전통적인 제조업인 자동차 산업에서 일어난 '공동창조'라는 변화. 그 중심에는 열린 커뮤니티가 있다고 존 로저스는 강조한다.

"저희 철학 중의 첫 번째는 커뮤니티입니다. 전 세계가 함께하는 혹은 지역 단위의 열린 커뮤니티를 만들어 다 함께 아이디어를 공유하는 것을 기본 개념으로 합니다."

랠리파이터는 온라인 커뮤니티에 디자인 공모를 했는데, 한국인 디

왼쪽은 시카고의 공작기술박람회(IMTS)에서 3D 프린터로 로컬모터스의 자동차를 시연 제작하는 모습. 오른쪽은 로컬모터스가 공동창조를 통해 만든 사막 경주용 자동차 랠리파이터.

자이너 김상호 씨가 스케치한 그림이 최종적으로 뽑혔다. 여기에 500명의 회원이 의견을 더해 완성되었다. 디자인 당선자 김상호 씨는 공동창조의 경험을 어떻게 기억하고 있을까. "당시에는 학생 신분이다 보니 경험도 부족하고 혼자서는 할 수 없는 부분이 많았습니다. 협력한 덕분에 좀 더 나은 결과물이 나오지 않았나 생각합니다."

플랫폼을 통해 평범한 사람들의 아이디어를 모으고, 함께 공유하고 창조하는 로컬모터스의 자동차 제조방식은 전무후무하다. 시장을 장악하기 위한 특허권 경쟁이 치열했던 전통적 산업과는 전혀 다른 모습이다.

이 시대는 플랫폼을 중심으로 재편되고, 개방과 공유가 활발하게 일어나는 플랫폼 위에서 많은 혁신이 일어나고 있다. 이제 한 명의 천재가 아니라 집단지성이 힘을 발휘하는 시대다. 천재시대의 종말, 이것은 또 다른 창조의 시작을 의미한다.

"우리는 나보다 똑똑하다.(We are smarter than me.)" 개미 한 마리는 미미하지만, 수십만 마리의 개미가 집단으로 뭉치면 놀라운 지적 능력을 발휘한다. 거대한 개미왕국을 건설할 뿐 아니라, 주변 환경에 빠르고 효과적으로 대응하며 집단으로서 높은 지능을 보여준다. 1910년 미국 하버드 대학 교수이자 곤충학자인 윌리엄 모턴 휠러가 개미의 사회적 행동을 관찰해 얻은 집단지성의 개념이다.

오늘날 그리고 머지않은 미래, 거대한 밀림처럼 치열한 세상에서 생존하기 위해 우리가 주목해야 할 중요한 화두는 공유다. 한 사람이 아니라 여러 사람이 함께하면서 더 큰 가치를 발휘하는 공유의 힘은 이제 정보통신기술의 혁명적 발전으로 더욱 커지고 있다.

협력하는 괴짜가 되자

개방과 공유의 가치는 단순히 산업적, 경제적 논리가 아니다. 이제 개방과 공유의 문화는 하나의 시대정신이자 우리 사회의 성숙을 보여주는 지표다. 이것이 먼 외국의 혁신 사례라고 생각하는 것은 오산이다. 바로 우리 곁에, 변화의 서막이 열렸다.

2015년 가수 서태지는 자신의 곡 〈크리스말로윈〉의 스템파일을 무료로 공개하고, 누구나 사용할 수 있게 했다. 스템파일(Stem-file)이란 하나의 곡을 구성하는 악기와 보컬 각각의 소리를 말한다. 이것을 공개한다는 것은 아티스트가 창작의 비밀병기를 모두 보여주는 것과 마찬가지다. 기업이 원천적 특허기술을 모두 공개하는 것과 같다.

스템파일로 쪼개진 음악을 가지고 대중은 다양한 실험을 했다. 누군가는 드럼 비트에 다른 소리를 더했고, 또 누군가는 키보드 소리를 전자음으로 바꾸었다. 조금씩 자신의 상상력을 더하자 전혀 다른 새로운 음악들이 만들어지기 시작했다. 이렇게 300개가 넘는 새로운 〈크리스 말로윈〉이 탄생했다.

서태지는 "안 했으면 큰일 날 뻔했다"며 당시의 경험을 전한다.

"각각의 곡마다 느낌이 다 다르다는 게 제일 신기했어요. 같은 스템파일을 가지고 어떻게 이런 해석을 해냈나 싶었죠. 저도 생각하지 못한 사운드나 멜로디를 들었을 때는 소름이 쫙 돋을 정도였습니다. 만약 공개하지 않았다면 이런 뜻밖의 기회를 놓쳤을 거예요. 공유함으로써 생각지도 못했던 기회가 만들어지는 것을 굉장히 흥미롭게 지켜보았습니다."

서태지는 이런 파괴적 혁신이 가능할 수 있었던 배경에 우리 사회의 정신적 성숙이 있다고 말한다. "1992년도에 스템파일을 공개했다면, 누군가는 제 곡을 그대로 베껴 쓰고 '내 곡이야'라고 주장했겠지만 이제는 시대가 변했어요. 이제 누구도 이걸 '내 곡이야'라고 우기지 않아요. 이러한 환경이 조성된 게 가장 큰 계기가 되기도 했어요."

플랫폼 사회로의 전환을 목전에 둔 우리 사회는 과거와는 전혀 다른 차원의 성숙을 향해 나아가고 있다. 이제 우리는 기존의 격을 파하는 용기와 도전이 필요하다. 이민화 교수는 "우리나라는 아직까지 과거의 성공신화에 빠져 있다"고 지적한다. 치열한 경쟁을 통해 '한강의 기적'을 이룬 경험이 있기에, 여전히 칸막이를 만들어 자신의 것을 감추고 각개약진하면서 레드오션에서 출혈경쟁을 벌이고 있다는 것이다. 물론 그렇다고 해서 이제까지 우리가 이룩한 것을 모두 부정하자는 말은 아니다. 하지만 패러다임이 바뀌었다. 이제는 변화해야 한다.

협력하는 괴짜(Cooperative geeks)의 시대. 플랫폼 혁명은 제조업 중심 생태계의 혁신적 변화이자, 칸막이 문화의 원초적 파괴다. 이제 공유와 개방을 통한 창조는 거부할 수 없는 흐름이다. 김현유 구글 상무는 "이 시대의 '대박'은 공유를 통해서 이루어진다"고 말한다. 개방과 공유의 트렌드에 편승할 것인가 낙오될 것인가는 우리에게 절박한 이슈로 다가왔다. 플랫폼 시대로의 전환. 더는 미룰 수 없는 절실한 우리의 미래다. 이런 시대에 우리는 어떤 능력을 갖추어야 할 것인가.

천재시대의 종말, 공유가 창조다

이다솔 PD

내 가운뎃손가락에는 아주 커다란 혹이 하나 있다. 공부라는 전장에서 살아남은 영광의 상처다. 손가락으로 연필을 꽈악 눌러 잡고, '손에 불나도록' 열심히 연필을 놀렸기 때문이다. 내 학창시절의 8할은 학생이라기보다 속기사에 가까웠다. 선생님 말씀을 토씨 하나 틀리지 않고 받아 적는 것은 학생의 제일의 의무요, 입시 경쟁의 산물이었다.

학창시절 필기는 절대적으로 사수해야 할 그 무엇이었고, 필기를 누군가에게 보여준다는 것은 상상할 수 없는 일이었다. 중학생 때 이런 일이 있었다. 중간고사를 앞두고 감기로 결석한 A는 짝꿍 B에게 필기를 빌려서 공부하고 시험을 치렀다. 그러나 A는 중요한 문제의 정답을 맞히지 못했지만 B는 정답을 맞혔다. B가 A에게 빌려준 필기에는 중요한 부분이 빠져 있었던 것이다. 충격적이었다. A는 배신당했다고 생각했지만 B는 당당했다. 자신이 무엇을 믿고 필기를 빌려줘야 하느냐는 것이었다. 생각해보면 당연한 말이었다. 그 사건 이후 우리 학급의 '필기장성'은 더욱 견고해졌다. 불신의 벽 또한 그러했다.

중학생들의 서슬 퍼런 필기전쟁에 가슴 섬뜩한 것은 비단 나만이 아닐 것이다. '내 것'과 '네 것'이 철저히 구분되는 상황에서 자기만의 비밀병기를 쌓는 것은 우리 시대에 자연스러운 생존 방식이었다. 남들보다 많은 지식을 쌓아야 경쟁에서 살아남을 수 있었고, 남들보다 더 나은 기술이 있어야 앞길이 보장되었다. 그 '남들보다 나은' 조건을 만드는 방법은 대개, '남들 모르게'였다.

'내 것'이 절박한 시대를 살아온 내가 서태지의 음원 소스 공개 소식에 놀란 것은 어쩌면 당연했다. 엄청난 시간과 노력과 재능과 비용을 투자한 음악의 원 소스를 공개하다니? 스템파일을 공개한다는 것은 그 곡을 구성하는 드럼, 기타, 베이스, 신시사이저 등 각 음원의 연주 파일을 고스란히 공개한다는 것이었다. '생'목소리까지도. 아티스트에게는 민낯으로 대중 앞에 선다는 의미였다. 여기에서 나아가 서태지는 이 원음 파일을 변주해 만든 재창조물을 겨루는 대회를 개최했다.

왜 그랬을까? '죽 쒀서 남 준다'는 건 이런 상황을 두고 하는 말 아닌가. 가령 과학자가 일생의 연구 끝에 드디어 세계 최초로 놀라운 기술을 구현했다고 해보자. 이제 이 기술로 특허권을 따내고 돈을 벌어들일 일만 남았다. 그런데 그 특허로 이득을 취하기는커녕 모두에게 무료로 공개해버리는 것이다. 특허권으로 벌어들일 로열티가 얼마인데! 이런 괴짜들은 한둘이 아니다. 전기차 관련 특허기술을 공개한 테슬라의 일론 머스크, 수소차 특허기술을 공개한 토요타, 구동 프로그 램을 공개한 레고 그리고 손바닥 위의 스마트 세상을 이끄는 구글의 소스코드(API) 공개까지. 도대체 왜 이들은 수익의 원천인 비밀병기를 공개하는가.

"문제는 경제야, 바보들아!"를 외치던 시골내기 대통령 후보 클린턴 처럼, 이들은 세상에 외치고 있었다. "문제는 공동성장이야, 경쟁이 아 니라!" 비밀병기를 공개한 괴짜들이 비웃음을 얻으리라는 예측은 틀 렸다. 시대는 이들에게 응답했다. 그것도 열렬하게.

괴짜들의 비밀병기 공개는 제대로 벌인 '판'이었다. 서태지의 음악 은 무수하게 변주되며 한 명의 천재가 혼자서는 생각할 수 없던 다양 한 창작으로 이어졌다. 테슬라의 전기차 특허 공개는 진정한 전기차 시대의 포문을 열었다. 이제 누구나 전기차를 개발할 수 있게 되었고, 전기차의 절대적 시장 크기는 커졌다. 수소차 또한 마찬가지다. 구글 의 소스코드 공개와 전 세계가 참여하는 개발자 회의가 지금의 손바닥 안의 혁명을 불러온 것은 두말하면 잔소리다.

서태지의 음원 콘테스트에 참여한 사람들은 평범한 고등학생부터 군인, 불혹의 직장인까지 다양했다. 참여하기 위해 어떠한 조건도 특 별한 능력도 필요하지 않았다. 과거 음악시장에 진입하기 위해 필수였 던 거대 자본은 이제 구시대의 유물이 되었다. 나아가 참가자들은 자신이 완성한 음악을 인터넷에 올려 또 다른 참가자들과 서로 의견을 공유하는 새로운 장을 만들어나갔다.

단순히 이기기 위한 경쟁이었다면 이 세상에는 단 하나의 전기차, 단 하나의 수소차, 단 하나의 레고 그리고 단 하나의 음악만이 존재했을 것이다.

실리콘밸리에서 말하는 "제품만 만들지 말고, 플랫폼을 만들어라"는 이야기도 마찬가지다. 과거의 경쟁이 누가 더 빨리 더 많은 기술을 집약적으로 선보이는가를 겨루었다면, 오늘날의 경쟁은 누가 더 많은 '동반자'와 함께 성장하는가에 초점을 맞추고 있다.

플랫폼 산업이 천문학적 가치의 수익 창출과 연결된다며 최근 몇 년간 세간의 이목이 집중되었다. 페이스북, 애플, 알리바바의 괄목할 만한 성장과 동시에 우리의 현주소를 반추하는 움직임이 계속되고 있다. 그러나 플랫폼은 단순히 산업 논리가 아니다. 우리 시대를 떠받치는 정신적 성숙의 관점에서 '패러다임의 전환'으로 접근해야 한다.

과거의 단순 경쟁으로는 이제 성장의 한계점에 달했다. 새로운 세계를 개척해나가는 출발선에서 플랫폼적 사고는 선택이 아니라 필수다. 요원하기만 했던 우리 사회의 '동반성장' 그리고 그 바탕의 '신뢰의 문화'. 플랫폼으로의 전환이 우리 시대의 핵심 먹거리라는 말은 바로 이 정신적 가치의 중요성에서 기인하는 것이다.

새로운 플랫폼 시대에 협력하는 학생 A와 철옹성을 쌓는 학생 B가 있다고 한다면, 이제 승리는 명백히 A의 것이다. B가 제아무리 똑똑하다 할지라도 강의 노트를 아무에게도 보여주지 않고 혼자 공부하는 사이, A들은 필기를 공유하며 서로 놓친 부분을 온전하게 보완해나간다. 각자의 필기를 인터넷에 공유 문서로 만들어 업로드하고, 그 문서를 서로 수정해나가는 방식으로 말이다. 그 정신도, 구현해나가는 방법도 매우 '플랫폼적'이다. 그야말로 협력하는 괴짜들인 셈이다.

  플랫폼은 계속해서 진화할 것이다. 이제 우리는 단순 경쟁과 폐쇄적 사회가 매우 '촌스럽다'는 것을 체감했다. 그것만으로도 절반의 성공이다. 이 플랫폼이 진화하는 방향과 속도는 감히 예측하기 어렵다. 그럼에도 우리가 잊지 않아야 하는 것은 "우리는 나보다 똑똑하다."라는 명제다. 백지장도 맞들면 낫다는 말은, 틀리지 않다.

明見萬里

5 장

4차 산업혁명,
도대체 어떻게 준비해야 하나

—

똑똑한 공장, 똑똑한 제품, 다들 똑똑해지는 미래 사회

明見萬里

에디슨이 만든 130년 전통의 GE는

이제 자신들이 '기계'를 만드는 회사가 아니라

'소프트웨어' 회사라고 말한다.

스마트폰을 만드는 애플과 검색 서비스 기업 구글은

자동차 생산을 준비하고 있다.

이처럼 서로의 경계를 넘나드는 스마트 제조업의 시대.

인류가 맞이한 4차 산업혁명은 어떤 미래를 만들어낼 것인가.

4차 산업혁명, 도대체 어떻게 준비해야 하나

똑똑한 공장, 똑똑한 제품, 다들 똑똑해지는 미래 사회

한국 제조업의 위기
이제 제조업은 끝난 걸까

—

2015년 연말, 우울한 뉴스 하나가 전해졌다. 국내 최대 중장비 업체였던 두산 인프라코어가 실적 악화로 신입사원까지 명예퇴직을 시키려다 철회한 사건이었다. 두산 인프라코어는 1990년대 초 국내업체로는 최초로 중국에 진출해 빠른 속도로 성장했다. 2007년에는 매출 1조 원을 달성하면서 세계 건설장비 부문 7위까지 부상했다. 그런데 2015년 매출 부진으로 적자 규모가 8595억 원에 이를 만큼 심각한 경영난을 겪자, 충격적인 구조조정을 단행한 것이다. 사무직 직원 3000

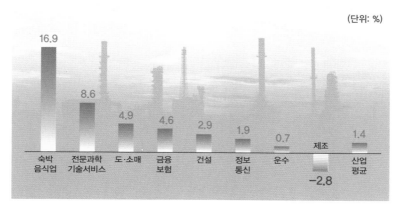

다양한 산업들 중에서 제조업만 마이너스 성장했다. 더 큰 문제는 제조업 부진이 어제오늘의 일이 아니라는 것이다. 제조업의 영업이익률은 2010년 이후 계속해서 하락하고 있다. (자료: 통계청)

여 명 전원을 대상으로 희망퇴직 신청을 받았는데, 입사한 지 얼마 되지 않는 20대 신입사원까지 희망퇴직 대상에 포함시키면서 내외부로 엄청난 충격을 주었다.

최고의 건설 중장비 업체에서 청년 명퇴 논란까지 나올 만큼, 한국 제조업에 빨간불이 켜진 것이 확실하다. 이유가 뭘까? 전문가들은 글로벌 경기침체와 유가하락을 주원인으로 꼽는다. 또 다른 전문가들은 이제 제조업의 시대가 끝나가고 있기 때문이라고 말한다. 둘 다 맞는 말이다. 한국 제조업의 위기가 이만저만이 아니다. 지난 40년간 한국 경제를 이끌어온 조선, 중공업, 석유화학 등의 산업이 기울고 있다. 제조업 영업이익률은 2010년 이후 계속해서 하락 중이다. 2014년 산업별 매출액 증감률을 보면 유일하게 제조업만 마이너스 성장을 했다. 2015년 조선해양은 7조 원에 달하는 적자를 기록했고, 수출도 전년 대비 7퍼센트 감소했다.

그런데 제조업의 시대가 끝나간다는 말은 무슨 뜻일까? 이제 앞으로 이런 제조기업들이 다 사라지는 것일까? 다른 나라의 제조업들도 다 우리와 마찬가지로 하향세를 겪고 있을까?

이 의문을 풀기 위해 일본 코마츠라는 기업을 한번 살펴보자. 코마츠는 세계 2위의 중장비 업체다. 국내 다수의 중장비 업체가 고전하던 2015년, 코마츠는 10퍼센트 이상의 영업이익률을 유지했다. 이 차이는 어디서 발생했을까?

비밀은 코마츠가 생산하는 건설장비 제품 내부에 있다. 코마츠는 전 세계에 판매한 중장비 40만 대를 점검, 관리하는 원격감시 시스템 '콤트랙스(KOMTRAX)'를 운영하고 있다. 장비의 각 부품에는 센서가 연결되어 있어서, 수십 개의 센서를 통해 수집된 데이터가 휴대전화통신망과 GPS를 통해 실시간 관제센터에 전달된다. 이전의 중장비 기계에서는 볼 수 없던 시스템이다.

이 시스템을 이용하면 고객들의 중장비 위치, 가동 시간, 기계의 이상 등을 실시간으로 체크해 큰 고장을 사전에 예방함으로써 수리비용을 절감할 수 있다. 즉 고객에게 우수한 장비관리 솔루션을 제공하여 시장점유율을 높이고 있는 것이다.

쉽게 비유하면 이런 것이다. 세탁기가 고장 나면 애프터서비스를 신

콤트랙스는 중장비를 점검하고 관리하는 원격 감시 시스템이다. 기계의 중요 부품에 장착된 센서를 통해 송신된 데이터를 분석해, 장비의 상태를 실시간으로 살피고 부품 교체 시기를 예측해 사전에 대응한다.

청하고 수리 기사가 방문할 때까지 기다려야 한다. 수리기사가 와서 제품에 무슨 문제가 있는지 조사한다. 세탁기의 고장 원인을 찾았다면 교체할 부품을 가지러 갔다가 다시 와야 한다. 교체할 부품의 재고가 있는지도 파악해야 한다. 세탁기가 재가동될 때까지 꽤 오랜 시간이 걸릴 수밖에 없다.

그런데 세탁기에 이미 장착된 센서로 어떤 부품이 문제를 일으키는지 미리 알려준다면 이 시간이 크게 단축된다. 더 나아가 문제가 생길 노후 부품의 교체 시기도 사전에 알려준다. 또한 평소에 고객이 세탁기를 사용하는 방식을 분석해 올바른 세탁기 사용법을 알려줄 수도 있다.

코마츠의 GPS 감시·제어 시스템인 '콤트랙스'가 바로 이와 같은 일을 한다. 코마츠는 장비 운용 데이터를 실시간으로 확인해 애프터서비스가 아니라 비포서비스를 제공한다. 산업현장에서 고장 나 멈춘 장비를 고칠 때까지 걸리는 시간은 전부 손실이다. 가정에서 세탁기 하나를 구입할 때도 서비스의 효율성이 구입을 결정하는 데 중요한 영향을 미치는데, 하물며 중장비를 구입할 때는 어떻겠는가? 코마츠의 콤트랙스 시스템은 고객 입장에서는 제품을 효율적으로 사용함으로써 비용을 절감할 수 있고, 회사 입장에서도 제품의 수요를 예측하여 생산계획을 수립하는 데 도움이 된다.

이처럼 4차 산업혁명의 큰 흐름은 이미 이론이 아닌 현실에서 산업의 판도를 바꿔놓고 있다. 우리에게 다가오는 4차 산업혁명이 무엇인지에 대해 본격적으로 알아보자.

성큼 다가온 사물인터넷 시대
데이터는 4차 산업혁명의 에너지

—

2016년 1월 다보스 세계경제포럼의 주제는 4차 산업혁명이었다. 다보스포럼의 클라우스 슈밥 회장은 4차 산업혁명이 쓰나미처럼 우리 산업과 경제 그리고 삶의 패러다임 등 모든 시스템을 완전히 뒤바꿔놓을 것이라며 다음과 같이 말했다.

"4차 산업혁명은 현재의 불평등을 더 심화시킬 것입니다. 이미 준비된 기업가, 재능 있거나 혁신을 추구하는 사람들은 4차 산업혁명을

◆ 산업혁명 과정 비교

1차 산업혁명	2차 산업혁명	3차 산업혁명	4차 산업혁명
증기기관을 통한 기계적 혁명	전기동력으로 대량생산	컴퓨터를 통한 자동화	소프트파워를 통한 지능형 공장과 제품의 탄생

통해 승리하겠지만, 다른 편에 있는 사람들, 특히 뒤처진 이들은 패배할 것입니다."

도대체 4차 산업혁명이 무엇이기에 이처럼 위협적인 경고를 하는 걸까. 4차 산업혁명이 세계적인 경제포럼의 주제가 되었다는 것은 이것이 미래의 일이 아니라 이미 다가온 현재라는 뜻일 터. 과연 4차 산업혁명의 정체는 무엇인가?

인류는 증기기관으로 대량생산의 기틀을 마련하며 1차 산업혁명을 이루었다. 2차 산업혁명은 전기와 컨베이어벨트로 촉발되었다. 3차 산업혁명은 컴퓨터를 통한 자동화가 이루어진 시기다. 그리고 4차 산업혁명은 소프트파워를 통한 지능형 제품과 공장의 탄생으로 정의할 수 있다.

3차 산업혁명에서의 컴퓨터는 생산과 소비, 유통 시스템을 자동화하는 역할이었지 생산 방식과 그 과정에서 만들어진 물건까지 지능화한 것은 아니었다. 이에 비해 4차 산업혁명에서는 기계와 제품이 지능을 갖게 되었고, 인터넷 네트워크로 연결되어 있어 학습능력도 뛰어나다.

기계와 제품이 지능을 갖고 스스로 학습하면 어떤 일이 벌어질까? 기존 산업에서 생산되던 물건은 사라지고 새로운 상품과 서비스로 대체된다. 생각해보라. 온갖 일을 다 하는 똑똑한 스마트폰이 등장하면서 사라져 가는 물건이 얼마나 많은지를. 카메라, 전자사전, MP3 플레이어, 시계, 지도, 수첩, 손전등, 신문, 게임기, 내비게이션 등등…. 이 많은 물건과 관련 산업이 스마트폰의 등장으로 사라지거나 위협받고 있다. 그러니 사물과 제조공정 자체가 스마트폰처럼 똑똑해지면 그로 인해 사라지거나 대체될 기업, 서비스, 물건, 직업은 얼마나 많겠는가. 새롭게 다가올 세상이 얼마나 큰 충격을 불러올지 가히 상상하기가 어렵다. 4차 산업혁명이 만들어낼 세상을 조금 더 탐색해보자.

허리에 차고 다니면 걸음 수를 측정해주는 만보기는 걷기 열풍이 한창일 때 꽤 잘나가는 제품이었다. 그러나 이제 만보기 대신 그보다 열 배는 더 비싼 스마트밴드를 쓰는 사람이 늘고 있다. 손목에 차는 스마트밴드 '핏비트(Fitbit)'를 만든 핏비트는 창업 8년 만에 10억 달러의 수입을 올리며 2015년 6월 뉴욕증권거래소에 상장했다. 상장 당시 핏비트의 시가총액은 약 4조 8000억 원. LG전자 시가총액의 반에 맞먹는 액수다. 핏비트는 미국 웨어러블 시장의 85퍼센트를 점유하고 있으며, 지금까지 전 세계적으로 3000만 대 이상이 팔렸다.

핏비트가 만보기와 완전히 다른 제품은 아니다. 쉽게 말하면 똑똑한 만보기다. 시계처럼 차고 다니면 만보기 기능은 물론이고 심박수, 칼로리 소모량, 수면패턴 등을 측정·분석해준다. 이 모든 데이터는 스마

스마트밴드 핏비트를 손목시계처럼 차고 있으면 심박수와 칼로리 소모량 등의 정보가 기록된다. 왼쪽은 핏비트에 기록된 자신의 건강 데이터를 활용해 진료를 받는 모습. 오른쪽은 핏비트 뉴욕 증시 상장 당시.

트폰에 자동으로 저장된다.

실제로 미국의 보험회사는 핏비트의 데이터 기록을 보고 꾸준히 운동한 사람에게는 보험료를 깎아주기도 하고, 핏비트 사용자는 자신의 데이터를 병원 진료 시 이용한다. 이런 식으로 핏비트는 고객에게 필요한 데이터와 서비스를 제공하지만, 더 중요한 것은 따로 있다. 바로 핏비트를 사용하는 수백만 명이 뿜어내는 데이터의 가치다. 이 기업은 핏비트의 데이터를 바탕으로 비즈니스 영역을 확장할 계획이다. 빅데이터를 새롭게 가공하면 제약회사, 의료기관과 같은 곳에 팔 수 있다. 완전히 다른 산업으로 넘어가는 것이다. 하드웨어에 소프트웨어를 결합하자 단순한 만보기가 전혀 다른 산업이 되었다.

유사한 예를 한국의 한 스타트업 회사에서도 찾을 수 있다. '웨이'는 피부에 대는 것만으로 수분 상태, 자외선 지수 등을 측정하여 피부 상태를 분석해주는 제품이다. 이 동그랗고 작은 제품을 만든 회사는 2015년 초 시제품과 제품 사용 영상을 만들어 발표한 뒤 50일 동안 1억 원어치가 넘는 선주문을 받았다. 사물인터넷 기기와 앱을 연동해 피부 상태를 단 2초 만에 파악할 수 있는 이 제품에 전 세계 화장품, 전자 대기업들의 투자 문의가 쇄도했고, 국내 대기업으로부터 30억 원의 투자를 받았다. 창업 1년 만의 일이었다. 콤팩트한 디자인과 기술력도 매력적인 요소였지만 제품보다 더 중요한 것은 데이터였다. 환경이 피부에 미치는 영향이나 지역별 피부 특성과 같은 데이터들이 축적되면 스킨케어 제품 개발 등에 활용할 수 있기에 회사의 미래가치를 높게 평가받은 것이다. 이처럼 큰 기업이 작은 스타트업을 찾아오는 역전 현상은 심심치 않게 일어난다.

게다가 앞으로 이와 같은 사례는 급속도로 늘어날 것이다. 어느새 우리에게 익숙한 단어가 된 '사물인터넷'이 대표적인 경우다. 전문기관들은 2020년에는 전 세계 500억 개의 사물에 인터넷이 연결될 것으로 내다보고 있다. 모든 사물에 센서와 컴퓨터가 장착되고 인터넷으로 연결되는 사물인터넷 시대가 기술 발달로 성큼 다가오면서 4차 산업혁명의 조건이 무르익고 있다.

이 사물인터넷을 통해 가치 있는 데이터들이 만들어진다. 사용자의 키, 나이, 성별 등의 생체 데이터, 사람과 사람의 관계에서 발생하는 데이터, 사람이 제품을 사용하며 나오는 데이터 등은 다른 산업으로 연결되고, 완전히 다른 새로운 산업을 만들어내기도 할 것이다. 그러면 기존의 산업들은 어떻게 될까?

130년 전통의 제조기업 GE가
소프트웨어 기업으로 변신하고 있다

—

제품이 아니라 산업 전체를 소프트웨어와 결합하려는 대담한 시도를 진행하며 4차 산업혁명의 중심에 선 기업이 있다. 미국은 가장 빠르게 4차 산업혁명으로 진입하고 있는 나라인데, 그 선두에 제너럴 일렉트릭(GE)이 있다. GE의 CEO 제프리 이멜트는 2015년 10월 파격적인 선언을 했다.

"우리의 목표는 디지털 산업회사입니다. 우리는 60억 달러의 소프트웨어 가치를 지니고 있고, 2020년까지 20퍼센트 더 향상된 100억 달러 가치의 소프트웨어 회사로 성장하고 싶습니다. GE의 성공적인 미래를 위해서는 소프트웨어를 기반으로 해야 합니다."

에디슨이 만든 기업 GE는 전구를 비롯해 냉장고, 세탁기 등의 가전을 만들어온 130년 전통의 제조회사다. GE의 항공기 엔진, 발전용 터빈과 같은 산업기계 매출은 타의 추종을 불허한다. 그런 GE가 소프트웨어 기업으로 변신을 선언한 것이다. 어떻게 변신하고 있을까?

민간 항공기 엔진 시장의 60퍼센트를 점유하고 있는 GE항공은 미국 오하이오에 있는 GE의 항공운항센터에서 24시간 GE의 항공 엔진

데이터를 분석한다. 이 데이터는 조종사의 운항습관, 기상 상태, 조정 방법에 따른 연료 소모량까지 분석해낼 수 있다. GE는 이 데이터를 바탕으로 연비를 극대화하는 최적의 비행기 조종법을 제안하고 엔진 유지, 보수까지 맞춤형 서비스를 제공한다.

항공 산업에서 예측하지 못한 고장으로 인해 발생하는 비용은 하루 4500만 달러(약 500억 원)에 이른다. 그런데 GE항공운항센터의 서비스는 비행기를 정비해야 하는 시기를 실시간으로 예측할 수 있기에 이를 획기적으로 줄여준다.

가스터빈 생산 세계 1위 업체인 GE파워 역시 비슷하다. 미국 사우스캐롤라이나 그린빌에는 축구장 400개를 합친 크기의 대규모 공장이 있다. GE는 이 공장에서 화력발전소의 심장인 가스터빈을 만든다. 터빈에는 250개의 센서가 부착되는데, 발전하는 동안 생성된 데이터는 GE의 중앙관제센터로 모인다. 60개국, 1만 6000개의 가스터빈에서 나오는 데이터가 1초 단위로 모니터링되고, 분석된 데이터는 유지, 보수, 고장 예측에 사용한다. 이를 통해 GE 발전 부문은 서비스 영역의 매출액이 제품 판매를 넘어섰다.

GE파워의 2015년 3/4분기 이익 가운데 75퍼센트가 바로 이 서비스에서 나왔다. 매출액의 75퍼센트가 제품 판매가 아니라 비포서비스, 즉 제품의 데이터를 분석하고 관리하는 서비스에서 나온다니, 이쯤 되면 이미 소프트웨어 회사라고 해도 과언이 아니다. 이제 GE는 GE항공이나 GE파워뿐 아니라 GE의 모든 사업 분야에서 데이터를 사용해 수익을 내는 서비스를 하고 있다.

여기서 끝이 아니다. GE는 기존의 제조업에서는 전혀 생각하지 못했던 플랫폼 개발에도 진출했다. 이미 GE는 2011년 소프트웨어센터를 세웠다. 그리고 미국 실리콘밸리와 인도, 중국에서 1000명이 넘는 인재를 영입해 산업인터넷 플랫폼인 '프리딕스(Predix)'를 개발했다. GE는 프리딕스로 항공, 철도, 병원 등 GE가 만드는 모든 산업기기를 연결하겠다는 계획을 세우고 있다. 이 '프리딕스'의 핵심은 생산, 유통, 소비 현장에서 생기는 모든 데이터를 축적하고 이를 활용해 제품의 판매 후 관리 효율을 높이는 데 있다. 효율성이 1퍼센트만 개선되어도 연간 200억 달러의 이익을 창출할 수 있다. 그뿐 아니라 새로운 제품을 개발하는 등 새로운 산업가치를 창출하는 데까지 나아갈 수 있다.

더 놀라운 점은 GE가 프리딕스를 오픈소스로 개방해 무료로 사용할 수 있게 했다는 점이다. 왜 이렇게 하는 것일까? 프리딕스가 세계 여러 산업의 정보가 모이는 플랫폼이 되면, GE는 이 산업들의 데이터를 확보할 수 있다. 즉, 제조업계의 구글이 되겠다는 GE의 야심이 숨은 행보다. 2014년 GE는 인텔, 시스코 등과 산업인터넷 컨소시엄을 발족했고, 200여 개가 넘는 기업, 기관, 연구소 등이 GE와 함께할 뜻을 밝혔다.

에디슨의 전기조명회사에서 시작해 미국 제조업을 이끌었던 GE가 소프트웨어와 네트워크를 과감하게 결합하며 제조업 혁신을 선도하고 있다면, 그 반대의 경우도 있다. 애플, 구글, 아마존이 소프트웨어

강점을 바탕으로 제조업에 진출하고 있는 것이다. 스마트폰으로 산업의 지형도를 바꾸었던 애플은 자동차 분야의 진출 의지를 숨기지 않고 있다. 검색엔진으로 시작한 구글도 최근 자율주행차 개발에 성공했다.

이처럼 미국의 제조기업은 소프트웨어 회사로 변신하고 소프트웨어 기업은 제조업에 뛰어들고 있다. 전 세계 제조업 CEO들은 2020년 미국이 중국을 제치고 제조업 경쟁력에서 1위를 되찾게 될 것으로 내다본다.

주문량이 하나여도
뚝딱 만들어내는 '생각하는 공장'

—

유럽의 제조강국, 독일 역시 4차 산업혁명의 독일식 표현인 '인더스트리 4.0'을 강조하며 디지털 산업화로 나아가고 있다. 사물인터넷 기술을 공장시스템에 적용해 디지털화하고, 다양한 종류의 제품을 한 생산라인에서 만드는 '스마트 팩토리', 이른바 '생각하는 공장'을 시도 중이다.

독일의 주방가구 1위 업체인 노빌리아는 지금까지 규격화된 제품을 대량생산해왔지만, 이제는 고객의 요구에 따라 맞춤형 주방가구도 생산하고 있다. 과연 대량생산에 적합한 컨베이어벨트식 공장에서 어떻게 개인 하나하나에 맞는 맞춤형 가구를 만들 수 있을까?

독일의 주방가구 1위 업체인 노빌리아는 대량생산에 적합한 컨베이어벨트식 공장에서 개개인 맞춤형 가구를 만들고 있다. 사물인터넷 기술을 공장 시스템에 적용해 디지털화한 덕분이다.

노빌리아는 2년 전 공장시스템을 고객 맞춤형으로 바꿨다. 가구는 미리 만들어놓지 않고 주문이 들어오면 제작한다. 이 과정은 직원이 필요한 부품에 고객 정보가 적힌 바코드를 붙이는 데서 시작한다. 이미 제조라인의 기계에는 고객의 상품정보와 조립방법이 입력되어 있다. 기계는 바코드의 정보에 따라 부품을 선별하고 조립하므로 컨베이어벨트 위에 다양한 부품이 섞여 있어도 오류 없이 작업할 수 있다.

이렇게 시스템을 바꾼 덕분에 노빌리아는 2700명의 직원이 하루 2700개의 가구를 만들어내고 있다. 인간과 기계가 예전과 다른 방식으로 협업하는 것이다. 노빌리아는 2016년 총 74종의 부엌가구를 선보였는데, 이보다 더 나아가 각 부엌가구를 최종 소비자가 원하는 대로 만들 수 있다. 가구의 색을 바꾸는 것은 물론, 소비자들이 인터넷에서 보고 손잡이 위치를 바꾸거나, 아예 다른 제품의 부품을 결합할 수도 있다.

물론 아직까지 노빌리아는 주문량이 어느 정도 쌓여야 생산을 시작할 수 있는 수준이다. 주문이 적을 때는 단축근무를 하고 주문이 많으면 연장근무를 한다. 하지만 앞으로는 주문량이 단 하나여도 생산이 가능하도록 작고 유연한 시스템을 도입할 예정이다. 이런 제조방식의 변화가 가능한 것도 수많은 데이터를 취급할 수 있게 되었기 때문이다.

2015년 노빌리아의 독일 내 시장점유율은 30~33퍼센트다. 독일의 부엌 셋 중 하나가 노빌리아라고 말할 수 있다. 그런데 이처럼 고객의 선호도 변화에 따라 제조 방식과 디자인을 실시간으로 변경할 수 있다면 더욱 강력한 경쟁력을 갖게 될 것이다.

세계적인 전자전기 기업인 독일의 지멘스도 제품 제조 방식을 바꾸었다. 지멘스의 공장은 제품을 주문받은 후 24시간 이내 출하하고 있다. 이렇게 빠른 시간 안에 제품 출하가 가능한 것은 지멘스의 가상−물리시스템 덕분이다. 가상−물리시스템이란 컴퓨터 내 가상공간에서 나타나는 작업이 실제 공장 제조라인에 그대로 구현되는 것을 말한다. 지금까지 공장은 초기에 입력된 프로그램대로만 제품을 생산할 수 있었지만, 가상−물리시스템에서는 컴퓨터 프로그램의 변화대로 제조라인을 변화시킨다. 기존의 공장은 새로운 제품을 만들려면 장비와 시스템을 교체해야 하기 때문에 신제품 생산이 더딜 수밖에 없지만, 지멘스의 공장에서는 갑작스럽게 설계를 변경하더라도 데이터를 바꿔 간단하게 처리할 수 있다. 지멘스의 '스마트 팩토리'는 20년 전에 비해 1만 배가 넘는 데이터를 취급하게 되면서 생산성이 여덟 배나 향상되었다.

원하는 대로 만들어주는,
고객이 왕이 되는 시대

———

이렇게 제품과 제조공정, 시스템이 지능화되면 소비자가 중심이 되는 생산이 이루어질 수 있다. 앞서 소개한 코마츠와 GE의 데이터 서비스, 노빌리아, 지멘스의 스마트 팩토리도 결국 사용자의 문제를 해결해주는 고객 맞춤형 서비스다.

지금까지 고객 맞춤형 제품은 기업이 아니라 장인들의 몫이었지만, 소비자의 욕구가 다양해지자 기업들도 고객의 취향 변화에 다양한 디자인과 첨단 기술로 대응하며 유연화 전략을 펼치기 시작했다.

지금까지 '고객이 왕'이라는 말은 있었지만 실질적인 왕은 공급자였다. 기존의 생산 시스템은 개별 고객들의 정보를 알 수 없고, 각각 다른 요구에 일일이 대응할 수 없었다. 평균적인 욕구와 취향에 맞게 대량으로 찍어낸 제품을 소비하도록 강요할 뿐이었다. 아무리 신제품을 쏟아낸다고 해도, 결국 단일한 제품을 파는 것에 불과했다. 그러나 4차 산업혁명에서는 제품뿐 아니라 생산 과정, 즉 공장도 지능을 갖게 되면서, 고객 맞춤형 서비스가 4차 산업혁명을 특징짓는 중요한 키워드 가운데 하나로 자리매김할 수 있었다.

몇 년 전 미국 〈뉴욕타임스〉에 흥미로운 기사가 실렸다. 기사 내용은 이렇다. 미국의 한 대형마켓이 고등학생 딸이 있는 어떤 가정에 유아용품 할인 쿠폰을 발송했다. 화가 난 딸의 아버지가 '고등학생에게 임신을 부추기냐'며 마트에 항의했다. 그런데 며칠 뒤 놀라운 반전이 일어났다. 딸아이가 부모 모르게 아이를 가졌던 것이다. 아버지도 모르는 딸의 임신 소식을 마트는 어떻게 알았을까?

이 대형마켓은 고객 데이터베이스를 활용해 임신 가능성이 있는 고객들에게 앞으로 필요해질 출산용품을 추천했다. '향이 나는 로션을 무향 로션으로 바꾸고, 평소 먹지 않던 미네랄 영양제를 샀군. 임신했을 확률이 높겠어.' 이런 식이다. 조금 섬뜩하기도 하지만, 4차 산업혁명의 지능형 시스템에서는 얼마든지 가능한 이야기다.

2013년 8명의 스타일리스트가 모여서 시작한 '스트라입스'는 국내의 남성 맞춤복 전문업체다. 스타일리스트가 고객을 직접 찾아와 치수를 재면, 그 신체 정보가 온라인을 통해 데이터화된다. 한 번 치수를 재면 그다음부터는 온라인으로 디자인만 보고도 맞춤복을 주문할 수 있어 매우 편리하다.

스트라입스에서 한 번이라도 옷을 맞춘 고객은 5만 명에 달한다. 대부분 재구매를 하기 때문에 충성도도 높다. 남성복 셔츠로 시작해 바지, 코트까지 영역을 확장해 가고 있으며, 창업 3년 만에 서울, 부산,

광주, 대구로 지점을 확장했고 최근에는 홍콩과 싱가포르까지 진출했다. 사양길에 접어든 줄 알았던 남성 맞춤복 시장에서 성공할 수 있었던 것은 자신만을 위해 딱 맞게 만들어진 옷을 원하는 소비자의 욕구를 파악했기 때문이다.

맞춤복 시장의 인기는 우리나라만이 아니다. 미국 뉴욕에는 재미있는 트럭이 등장했다. 미국의 한 스타트업이 만든 '달리는 양장점' 아덴리드의 트럭에서는 고객의 신체 사이즈를 재는 스타일리스트의 역할을 3D 스캐너가 대신한다. 겉옷을 벗고 3D 스캐너 앞에 1분간 서 있으면 정확하게 신체를 측정할 수 있다.

자동차 튜닝산업이 발전한 미국에서는 고객 맞춤형 자동차도 등장했다. 2008년 스타트업으로 출발한 로컬모터스는 독특한 제작방식과 디자인으로 최근 떠오르는 자동차 회사 가운데 하나다. 로컬모터스에서는 고객의 주문에 따라 세상에 하나뿐인 수제자동차를 만든다.

2015년 11월 열린 세계 최대의 자동차 튜닝 박람회 '세마국제모터쇼 2015'에는 100개국 10만 명의 관람객이 참가해 개성 넘치는 차량들에 열광했다. 로컬모터스는 이 전시회에 세 번째 모델인 전기 자동차 '스윔'을 선보였다. '스윔'은 탄소섬유가 강화된 열가소성 물질을 3D프린터로 출력해 만든 자동차다. 이 차는 7000만 원으로 고가이지만 예약이 끊이지 않는다.

이 차 역시 고객의 요구에 따라 모든 것을 바꿀 수 있다. 예를 들자면 오른손잡이에 맞춰진 콘솔 등의 실내 장치를 3D프린팅을 사용해 전부

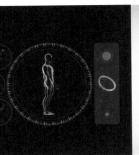

왼쪽은 '달리는 양장점' 아덴리드가 트럭 한구석에 마련된 3D 스캐너로 고객의 신체 사이즈를 측정하는 모습. 오른쪽은 로컬모터스가 3D프린팅 기술을 바탕으로 출시한 LM3D 스윔.

왼쪽으로 바꿔 왼손잡이를 위한 자동차를 만드는 식이다.

로컬모터스는 3D 프린팅 기술로 20시간 만에 자동차 한 대를 생산할 수 있다. 로컬모터스의 공정이 가진 장점은 새로운 부품을 대기업들보다 먼저 도로에서 더 빠르게 시험해볼 수 있다는 점이다. 로컬모터스는 차 한 대마다 신기술을 적용해 매번 새로운 혁신을 만들어낸다. 그러다 보니 기존 차량보다 신제품 출시도 빠르다. 기존 자동차들이 새로운 모델을 내놓기까지 평균 5년이 걸리는 데 비해 로컬모터스의 1세대 자동차 랠리파이터는 18개월 만에 세상에 나왔다.

이미 획일화된 기성품에 대한 선호는 점차 줄어들고 있다. 거대 프랜차이즈 기업보다는 동네의 수제맥줏집처럼 개성 있는 작은 가게들에 소비자가 끌리는 시대다. 과거까지만 해도 몸집이 큰 기업들은 이러한 변화를 수용하기가 쉽지 않았다. 고객 맞춤 제품과 서비스에는 훨씬 더 많은 비용이 들었기 때문이다. 그러나 이제 사물인터넷과 같이 제품만 지능을 갖는 게 아니라 생산과정도 지능을 갖는 '스마트 팩토리'가 생겨나면서 이와 같은 변화가 가능해지고 있다. 이것이 바로 4차 산업혁명이다.

비옥한 디지털 토양을 가진 한국
4차 산업혁명의 꽃을 피울 것인가

이제까지 살펴본 4차 산업혁명의 주요 키워드들을 정리해보자. 하드웨어와 소프트웨어의 결합, 모든 사물이 인터넷으로 연결되며 데이터를 만드는 초연결사회, 데이터가 지배하는 산업 현장, 고객의 욕구를 충족하는 똑똑한 제품과 공장 등이 그것이다. 3차 산업혁명까지는 제품 혁신, 공정 혁신이 중요했으나 4차 산업혁명에서는 IT를 결합한 비즈니스 모델 혁신이 중요하다.

이제 4차 산업혁명의 시대는 영화보다 더 영화 같은 현실로 우리를 밀어 넣고 있다. 미국의 GE, 독일의 노빌리아 등의 사례에서 보았듯이, 제조와 정보통신기술의 융합으로 폭발할 4차 산업혁명은 기술 선도국에는 이미 도착해 있는 미래다.

그러면 우리나라는 어떤 변화를 맞이하고 있을까. 대한민국은 국제전기통신연합(ITU)이 인정하는 세계 최고의 인터넷 준비지수를 갖춘

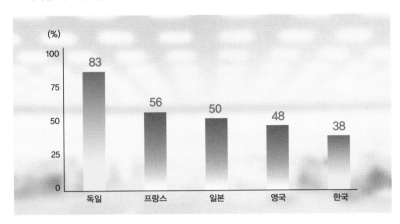

2014년 OECD가 발표한 자료에 따르면 독일의 제조업 혁신 수준은 83퍼센트인데 반해 한국은 독일의 반에
도 미치지 못한 38퍼센트를 기록했다. (출처: OECD, 2014)

나라다. 4차 산업혁명을 농사로 친다면 가장 비옥한 토양을 갖춘 나라
라고 할 수 있다. 그런데 아직 이 토양 위에서 꽃이 피지 못하고 있다.
몇몇 스타트업 기업이 고군분투하고 있을 뿐이다.

한국형 전투기 개발과 관련해 미국 정부가 기술 이전을 거부해 논
란이 된 바 있는데, 미국 정부가 이전할 수 없다고 한 핵심 기술이 바
로 소프트웨어다. 1960년대에 만들어진 F4 전투기 기능의 약 8퍼센
트가 소프트웨어 기반인 데 반해, 2007년산 최신예 전투기 F-35는 소
프트웨어 비중이 무려 90퍼센트다. 미국이 소프트웨어 기술을 이전하
지 않으면 우리 힘으로는 한국형 전투기 개발이 어렵다는 이야기다.

IT 강국이라고 하지만 우리의 소프트웨어 수준은 이 정도다. 일반

제조업도 크게 다르지 않다. 2014년 OECD가 발표한 자료에 따르면 독일의 제조업 혁신 수준은 83퍼센트인데, 한국은 독일의 반에도 미치지 못했다. 국내 600개 중소기업을 상대로 설문한 결과 스마트 공장 정책에 대해 62퍼센트가 모른다고 답했고, 80퍼센트가 스마트 공장 도입 의향이 없다고 했다.

또 현재 독일 기업의 83퍼센트가 사물인터넷 적용을 검토하고 47퍼센트가 공장을 네트워크했지만, 우리는 300대 제조기업 가운데 54퍼센트, IT기업의 49퍼센트가 사물인터넷을 모른다고 답했다. 아직 우리의 제조업계는 3차 산업혁명의 패러다임을 벗어나지 못하고 있는 것이다.

산업혁명의 그래프는 S커브를 탄다고 한다. 아무리 투자해도 처음에는 성과를 보기 어렵지만, 어느 시점이 되면 폭발적으로 성장한다. 게다가 자금 여력이 있는 대기업과 달리 중소기업들은 이 시기를 견뎌내기가 쉽지 않아 사실상 혁신을 포기하는 경우가 많다.

그래서 대기업과 중소기업의 협업, 정부의 역할이 중요하다. 훌륭한 디지털 토양과 제조역량이라는 우리의 강점은 충분한데, 이 둘을 연결할 시도들이 아직 턱없이 부족하다. 인더스트리 4.0을 위해 기업을 강력히 지원하는 독일 정부나 지능형 로봇을 앞세워 4차 산업혁명을 준비하기 위해 적극적인 정책을 수립한 일본 정부의 기본 방향은 기존의 대기업 중심의 정책에서 벗어나 있다. 우리 정부도 대기업 중심의 경제정책에서 벗어나 4차 산업혁명에 걸맞은 정책을 내놓아야 한다.

흔히 산업혁명의 그래프는 S 커브를 탄다고 이야기한다. 아무리 투자해도 처음에는 성과를 보기 어렵지만 어느 시점이 되면 폭발적으로 성장하기 때문이다.

4차 산업혁명의 새로운 패러다임은 단순히 생산방식을 개선하는 것을 의미하지 않는다. 열린 참여를 통해 누구나 함께하며 혁신하는 경영이 요구된다. 세계 최대의 택시 회사인 우버에는 택시가 없고, 세계 최고의 미디어 원천인 페이스북은 아무런 콘텐츠도 만들지 않는다. 최강 소매업자인 알리바바에는 물품 재고가 없다. 대신 플랫폼이라는 장이 있다. 대기업은 오픈된 공간을 만들고 누구나 거기에 참여하게 함으로써 부가가치를 창출해야 한다.

그러면 어떻게 해야 할까? 오바마 미국 대통령은 몇 년 전 미국 대기업을 불러 모아 M&A 때 인수 대상이 되는 기업의 가치를 후하게 대접하라고 당부했다. 그래야 세계 최고의 상상력이 미국으로 몰려오고, 벤처 생태계가 건강해야 혁신의 기회가 더불어 따라온다는 것이다. 이를 통해 대기업과 중소 벤처기업 간의 건실한 상생의 생태계를 만들자고 제안했다.

우리나라 대기업 역시 스타트업들로 문전성시를 이뤄야 한다. 기술을 빼돌리고 헐값에 M&A하는 문화로는 산업혁명에서 승자가 될 수 없다. 반대로 대기업이 제 역할을 다한다면 탄탄한 제조역량과 세계 최고 수준의 IT 인프라를 바탕으로 하여 4차 산업혁명의 선도자가 될 수 있다.

지금까지 우리 기업들은 더 싸고 더 튼튼한 제품을 만드는 데 사활을 걸어왔다. 좋은 원료와 기술력, 값싼 노동력을 투입해 세계 시장에서 경쟁력을 갖출 수 있었다. 그리고 우리 정부와 정치권은 이렇게 성장한 대기업에 모든 것을 우선적으로 지원하는 정책을 써왔다. 그러나 이미 다른 나라들은 우리와 다른 전략을 취하기 시작했다.

미래학자 앨빈 토플러는 "21세기 문맹인은 읽고 쓸 줄 모르는 사람이 아니라 배운 것을 잊고 새로운 것을 배울 수 없는 사람"이라고 했다. 3차 산업혁명의 낡은 틀을 우리 스스로 부수지 않으면 4차 산업혁명이라는 큰 파도에 우리가 탄 배가 뒤집어질지도 모른다.

1, 2, 3차 산업혁명은 대한민국처럼 자원이 없는 나라에 불리했다. 그럼에도 우리는 석탄과 철을 싣고 들어와 눈부신 성장을 이루었다. 4차 산업혁명은 이전의 산업혁명처럼 거대한 원료가 들어가는 산업이 아니다. 4차 산업혁명의 동력은 소프트파워이기에, 기존 산업에 상상

력을 더해 얼마든지 다양한 혁신을 이루어낼 수 있다. 다행히 우리는 세계에서 가장 비옥한 디지털 토양을 가졌다. 이제 좋은 씨앗만 뿌린 다면 세계에서 가장 좋은 과실을 거둘 수 있다. 이 과정에서 기계가 주인이 되지 않도록, 자본의 노예가 되지 않도록, 인간 중심의 혁명으로 이끌어야 한다는 과제 또한 명심할 일이다.

거대한 변화를 외면하면 생존도, 성장도 없다

손현철 PD

2015년 4월, '아베노믹스'에 대한 시사 다큐를 준비할 때였다. 일본에서 발행된 시사, 경제 잡지와 보고서들을 뒤지던 중 일본의 경제신문사가 펴낸 잡지 특집호를 접하게 됐다. '인더스트리 4.0, 제4차 산업혁명'이라는 제목이었다. 4차 산업혁명에 제대로 대비하지 않으면 일본의 세계적인 자동차 제조업체 토요타도 구글이나 애플의 하청업체가 될지 모른다는 충격적인 내용이었다.

도대체 4차 산업혁명이 뭐기에 저렇게 호들갑을 떨까? 당시 국내에서는 선진국 경제계 동향을 주시하는 소수의 공공·기업 연구소를 빼고는 일반 언론, 대중의 4차 산업혁명에 대한 관심과 이해가 거의 없었다. 2008년 발생한 미국발 금융위기의 터널을 빠져나온 뒤 한국 경제는 2010년대 초반 조선, 화학, 자동차 산업 분야의 일시적 호황에 취해, 미래 변화에 대비를 제대로 하지 않은 상황이었다.

그 시기 선진국 정부와 기업들은 이대로는 더 이상 안 된다는 위기의식을 가지고 새로운 변화를 준비하기 시작했다. 2010년부터 미국의 130년 된 제조업체 GE는 소프트웨어 부문에 집중적으로 투자하면서 제조업을 '산업인터넷'이라는 새로운 패러다임으로 재편했다. 구글, 애플, 아마존을 축으로 한 미국의 IT 패권과 GE의 선제적인 변화에 불안을 느낀 독일은 2011년 처음 인더스트리 4.0 개념을 들고 나왔다. 2012년에는 전문가들로 구성된 워크그룹이 독일 제조업을 혁신하기 위한 청사진과 실행 계획을 정부에 제출했다. 미국과 독일의 움직임이 심상치 않자 일본 정부와 기업도 대책을 마련하기 시작했다. 몇 년 지나지 않아 선진국 경제와 기업의 거대한 혁신 흐름이 '4차 산업혁명'이라는 이름으로 모습을 드러냈다.

가뜩이나 한국의 4차 산업혁명이 늦은 시점에서 그 본질과 실체가 무엇인지, 한국 사회와 기업이 어떻게 준비해야 하는지를 담은 프로그램을 서둘러 제작하기로 했다. 첫출발은 KBS의 또 다른 다큐멘터리인 〈다큐 1〉에서였다. 자료를 조사하고 독일과 오스트리아, 미국 그리고 일본과 중국의 4차 산업혁명 준비 상태를 담아왔다.

취재한 내용을 엮어 보니 자연스럽게 두 갈래로 나뉘었다. 첫째, 4차 산업혁명 시대에는 누구나 생산자가 될 수 있다. 둘째, 생산과 관리는 고객 맞춤형으로 변한다. 이 두 가지로 핵심 키워드를 정리하고 '카운트다운, 4차 산업혁명'이라는 제목 아래 '메이커 시대가 온다'와 '혁신 제조업 빅뱅' 2부작으로 제작했다.

'메이커'는 기존 기업 중심의 생산 체계에서 벗어나 아두이노(Arduino) 같은 오픈소스 하드웨어 플랫폼, 테크숍(Techshop, 고가의 최첨단 제조 설비를 임대할 수 있는 제조 창업 플랫폼) 같은 공동 작업장을 활용해 새로운 제품을 만들어내는 사람을 말한다. 메이커들은 골방에서 홀로 작업하는 전통적인 발명가, 기술자, 장인과 달리 공개, 공유된 IT 기술을 밑바탕으로 혁신적인 물건을 만들어낸다. 생산 노하우를 공유하는 IT 플랫폼, 3D 프린터가 일반화되면서 동료와의 협력 생산, 생산의 민주화가 가능해진 것이다.

'혁신 제조업'은 선진국 제조업체들의 디지털 변환, 즉 데이터 기반의 생산-유통-사후 관리로 소품종 대량생산에서 다품종 맞춤 생산으로의 변화를 말한다. 전통 제조공장에서는 단일 품목을 대량생산해야 수지가 맞았다. 제품에 변화를 주려면 생산 라인을 바꾸는 수밖에 없었다. 데이터 기반 생산으로 전환하면 각 부품마다 ID가 부여되고, 지능을 가진 생산설비가 서로 다른 설계도대로 다양한 제품을 생산하게 된다. '스마트 팩토리'의 대표인 독일 지멘스의 한 공장은 취향이 서로 다른 고객을 위해 단 하나의 제품도 생산라인 시설 변경 없이 생산한다.

혁신제조업의 또 다른 특징은 고객 자산의 효용성을 최대한으로 높인다는 것이다. 대표적 기업이 미국의 GE다. GE의 계열사인 GE항공은 항공기 제트엔진 생산 – 판매 세계 1위 업체다. GE항공은 항공기 엔진에 수백 개의 센서를 부착해 항공기가 운항할 때마다 운항 데이터를 수집, 분석해서 고장이나 정비 시점을 예측해주는 운항보조 서비스를 시행한다. 이를 통해 정비 불량, 엔진 고장을 미연에 방지하고 하루 수백억 원에 달하는 고객사의 항공기 미운항 손실을 줄여준다.

2016년 1월 하순, 스위스 다보스에서 열리는 세계경제포럼이 시작됐다. 공교롭게도 2016년의 주제는 4차 산업혁명이었다. 경제계를 중심으로 여론 주도층의 관심은 뜨거웠다. 정부 부처를 비롯, 국회, 기업에서 4차 산업혁명 논의가 활발하게 일기 시작했다. 방송이 나가자마자 내용을 더욱 쉽게 풀고 압축해서 한 달 내에 〈명견만리〉로 내자는 결정이 났다.

녹화 현장의 열기는 예상외로 뜨거웠다. 어려운 주제라 방청객을 꽉 채울 수 있을까 걱정했는데 보조의자를 놓아야 할 정도였다. 학생, 청년층부터 중년의 직장인, 학부모들까지 윤종록 정보통신산업진흥원장의 강연을 경청했다. 강연 뒤에 이어진 질문은 의미심장하고 절절했다. 선진국의 한참 앞서가는 발 빠른 변화, 이미 많은 분야에서 우리를 앞지른 중국의 산업 경쟁력, 기술력, 시장 지배력 앞에서 우리는 도대체 무엇을 할 수 있을까 하는 위기감이 가득했다. 4차 산업혁명 시대에 우리 아이들에게 과연 어떤 교육을 해야 할지 모르겠다는 한 학부모의 질문이 가장 가슴에 와 닿았다.

세상 돌아가는 일에 무관심한 사람들조차도 우리가 알지 못하는 사이 뭔가 엄청난 일이 전 세계 경제, 산업계에서 일어나고 있다는 것을 느끼고 있다. 우리가 인정하든 인정하지 않든, 선진국의 산업계는 IoT(사물인터넷), 클라우드 컴퓨팅, 빅 데이터 분석, 인공지능 기반으로 재편되고 있다. IT 기업은 말할 것도 없고 제조-유통업, 정부, 지역 사회의 시스템이 데이터 기반으로 유지, 관리되는 추세로 바뀌고 있다. 이 거대한 흐름을 굳이 4차 산업혁명이라고 부르든 부르지 않든, 이 쓰나미가 인류의 삶을 뿌리부터 바꿔 놓으리라는 것을 부정할 수는 없다.

정부, 국회, 경제계를 중심으로 4차 산업혁명에 대비해야 한다는 목소리가 높아지고 있다. 여야 3당은 국회에 4차 산업혁명 포럼까지 만들었다. 그러나 우리의 청사진은 아직 보이지 않는다. 4차 산업혁명은 피할 수 없는 미래다. 패러다임 변화 시점에 선도국가가 되기 위해서는 과감한 투자가 필요하다. 한국은 대기업의 자동화 중심 3차 산업까지는 성공해서 국민소득이 많이 증가했다. 3차 산업혁명에서의 성공 모델에 안주한다면 4차 산업혁명에서는 뒤처질 가능성이 높다. 세계 5위의 제조 강국이며 최고의 IT인프라를 갖춘 한국. 과거의 성공을 잊고 새로운 도전의 청사진을 그릴 때다.

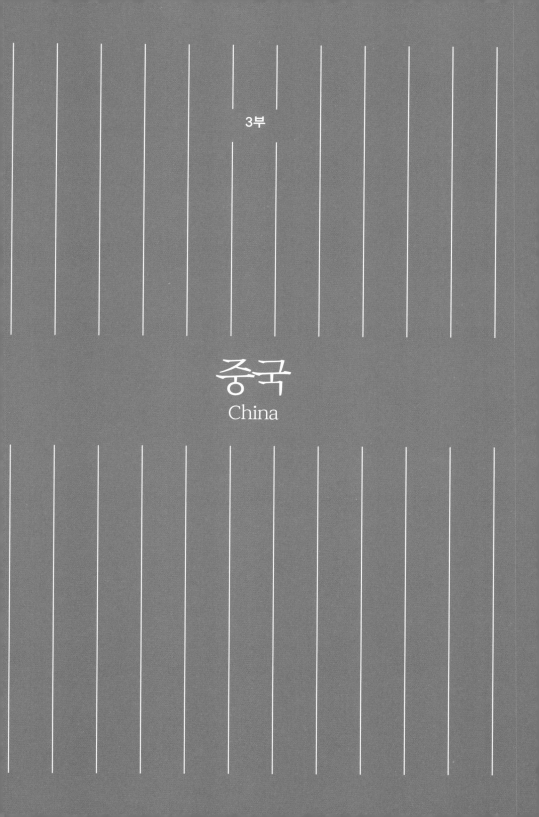

3부

중국
China

明見萬里

6장

방 안에 들어온 코끼리를
어떻게 할까

—

세계는 지금 '유커' 유치 전쟁 중

뉴욕에서 중국인들을 위한 춘절맞이 불꽃축제가 열렸다.

런던의 빅벤은 '다벤종'이라는 중국식 새 이름을 얻었다.

밴쿠버에는 중국인들의 레저용 고급 저택이 줄줄이 들어선다.

아름다운 제주에도 중국인을 겨냥한 황금버스가 돌아다닌다.

전 세계의 풍경을 바꾸는 차이나 머니, 위험일까 기회일까.

방 안에 들어온 코끼리를
어떻게 할까

> 세계는 지금 '유커' 유치 전쟁 중

허드슨 강변의 춘절 불꽃놀이

—

2015년 초봄, 뉴욕 허드슨 강변에서 성대한 불꽃놀이가 벌어졌다. 장장 20분에 걸쳐 진행된 이 화려한 축제날은 미국의 독립기념일도, 그 어떤 기념일도 아니었다. 때는 음력 1월 1일, 축제 이름은 '화미중화(和美中華)'. 즉 아름답고 화목한 중국이라는 주제로 중국인 관광객 '유커(遊客)'들을 위해 벌인 잔치였다. 중국의 춘절에는 매우 긴 연휴가 이어지는데, 이 기간에 엄청난 수의 중국인이 전 세계 여행지를 찾는다. 이 불꽃놀이는 바로 유커들의 발길을 뉴욕으로 불러 모으기 위한 것이었다.

미국만이 아니다. 중국인 관광객을 끌어들이기 위해 100년 전통을 깬 곳도 있다. 프랑스는 휴일에 노동하지 않기로 유명하다. 그런데 최근 '우리가 휴일에 일하지 않으면 유커들이 런던으로 달려갈 것'이라는 우려와 함께 샹젤리제 거리를 중심으로 상점을 열기 시작했다.

콧대 높은 영국도 자존심을 꺾었다. 영어의 본고장이자 자국어에 대한 자부심 높은 영국도 유커들을 위해 관광지에 중국어를 도입했다. 런던의 대표적인 관광명소 '빅벤(Big Ben)'의 표지판에 큰 종을 뜻하는 중국어 '다벤종(大本鐘)'을, '스톤헨지(Stonehenge)' 유적에는 '주시첸(巨石群)'이라는 중국식 이름을 병기했다. 지구상에서 가장 폐쇄적인 국가 북한도 이 흐름에 합류했다. 중국 관광객을 위한 전세기를 띄우고, 개인 자가용으로 관광할 수 있는 유커 전용 상품까지 만들어 적극적으로 홍보하고 있다.

중국인들은 여행을 아주 즐긴다. 중국 내 관광지 어디를 가든 자국민들로 발 디딜 틈이 없다. 거기에 더해 소득이 증가하면서 많은 중국인들이 해외 관광에 나서기 시작했다. 급격하게 늘어난 중국인 관광객으로 인해 지금 세계 관광지는 그야말로 인산인해다. 한국도 유커가 가장 많이 찾는 해외 관광지 중 하나다. 유커에게 받는 영향이 가장 큰 곳이기도 하다.

부산의 감천문화마을은 2009년 '마을 미술 프로젝트'의 일환으로 환경 정비와 벽화 사업이 이루어지면서 재탄생한 곳이다. 좁은 골목길과 아기자기한 주택들이 조화를 이루면서 전국적인 명소가 됐다. 관광객이 조금씩 늘긴 했지만 그래도 여전히 조용한 동네였다. 그런데 어느 날부터 상황이 완전히 바뀌었다.

"갑자기 관광버스가 여덟 대씩, 열 대씩 몰려들어 왔습니다. 그런데 관광버스 주차장이 준비가 안 돼 있었어요. 그 많은 차들이 도로에 주차를 하니 난리가 났죠." 감천마을에서 50여 년간 살고 있는 손판암 할아버지는 갑작스러웠던 그날을 격앙된 어조로 전했다.

관광버스에서 쏟아져 내린 유커들이 순식간에 작은 마을을 점령했다. 이들은 마을 곳곳을 가득 메웠고, 분식점·카페 등을 드나들며 마을의 모든 것을 즐겼다. 이 엄청난 관광 붐 뒤에는 한류 예능의 힘이 있었다. 중국인이 좋아하는 한 예능 프로그램을 감천문화마을에서 촬영했고, 그 프로그램이 방영된 뒤 중국인들의 관심이 마을 여행으로 이어진 것이다.

2014년에만 주민의 열 배가 넘는 7만 명의 중국인 관광객이 마을을 찾았다. 이에 발맞추어 마을이 변화하기 시작했다. 관광객을 위한 기반 시설이 확충됐고, 매점, 카페 등 점포도 대폭 증가했다. 마을 주민들의 반응은 엇갈리지만, 이곳에서 장사하는 주민들은 반긴다. 상인들은 이렇게 말한다. "중국 분들이 마을을 찾아주시니까 좋지요. 저희 마을도 알려지고, 부산도 많이 알려지고요." "중국 관광객들이 친절하고 또 많은 사람들이 오기 때문에 기분 좋게 장사하고 있습니다."

이곳만이 아니다. 이제 설 연휴가 되면 부산의 광복로와 국제시장에는 귀성객이 아닌 중국인 관광객으로 떠들썩하다. 유커가 많이 찾는 관광지 곳곳에서는 풍물놀이, 댄스 공연 등 다양한 행사가 펼쳐진다. 노점상과 시장 상인의 열렬한 환대 속에서 유커들은 부산을 즐긴다. 황금연휴도 반납하고 점포를 지킨 시민들은 '춘절 대목'이란 말을 톡톡히 실감한다. 특히 부산시의 경우, 해마다 줄어드는 일본 관광객의 빈자리를 채워주는 유커는 반드시 잡아야 하는 기회다. 유커를 잡기 위한 온갖 프로젝트에 민관이 협심하고 있다.

부산만이 아니다. 지난 몇 년간 유커는 오랜 경기침체에 빠진 우리나라에 '가뭄에 단비'와 같았다. 유커들의 소비는 얼어붙은 내수시장에 활기를 불어넣었다. 때문에 지자체는 지자체대로, 기업은 기업대로 사활을 걸고 유커 유치에 나선다. 신문지상에서는 연일 유커 방한이 가져다줄 천문학적 액수의 경제파급효과를 알리고, 교통방송에서도 수천 명 단위로 방문하는 유커로 인한 교통 혼잡을 안내한다. '삼계탕 파티', '치맥 파티' 등 유커를 사로잡기 위한 마케팅도 치열하다.

세계를 휩쓰는 유커 쓰나미, 위기인가 기회인가

—

이처럼 세계 어느 곳이나 중국인 관광객의 영향력이 대단하다. 마치 거대한 쓰나미가 덮친 것처럼, 유커가 훑고 간 자리마다 커다란 변화가 생겨난다. 유커 쓰나미는 세계를 움직이는 하나의 흐름이 되고 있다.

그도 그럴 것이 2015년 한 해에만 1억2000만 명이 넘는 유커들이 해외관광에 나섰고, 이들이 지출한 금액만 무려 1조 위안(약 170조 원)에 달한다. 분명 유커들의 통 큰 소비는 침체의 늪에 빠진 세계 경제에 커다란 활력을 불어넣고 있다. 이제 유커로 인한 전 세계적 변화는 불가피하며, 그 속도 또한 중국의 경제성장과 함께 더욱 빨라질 것이다.

그중에서도 우리나라의 변화는 더욱 불가피해 보인다. 우리나라는 가깝고 친절하고 깨끗하고 쇼핑하기에도 좋아서 중국인 관광객이 선호하는 여행지다. 이를 반영하듯 해마다 유커 방한이 폭발적으로 증가했다. 2010년에 100만 남짓이던 관광객이 2014년에는 600만 명을 훌쩍 넘어섰고, 2015년 메르스 사태로 잠시 주춤하다가 다시 성장세를 보이고 있다.

이들의 소비 파워 또한 만만치 않고, 그 증가율도 가파르다. 2008년에 1인당 130만 원에서 크게 늘어 2014년에는 무려 236만 원에 이르는 엄청난 금액을 사용했다. 2014년 우리나라를 방문한 외국인 관광객이 쓴 돈 가운데 절반이 유커에게서 나왔을 정도다. 유커가 일으킨 경제유발 효과는 2015년 한 해에만 무려 27조 원에 이른다. 이 유커 소비 파워는 심지어 서울 전역의 상권마저 흔들고 있다.

문화예술의 거리인 서울 홍익대 앞은 2010년대 들어 젊은 예술가들이 공연하던 카페와 오래된 상가가 하나둘씩 사라지더니, 화장품 가게와 프랜차이즈 상점들이 거리를 메워가고 있다. 홍대 거리를 찾는 유커의 발걸음이 많아질수록 화장품 매장의 증가 속도 또한 빨라졌다. 100미터 남짓한 거리에 무려 일곱 개의 화장품 매장이 영업 중인 곳도 있고, 매장마다 유커들을 잡기 위한 세일 경쟁이 한창이다.

이것은 홍대만의 이야기가 아니다. 유커들이 많이 찾는 명동, 부산의 광복동 거리에는 중국인이 좋아하는 브랜드의 옷가게나 화장품 가게가 압도적으로 많다. 10년 전과 비교해보면 그 변화가 더욱 놀랍다.

서울 상권의 화장품 가게와 숙박시설 분포를 살펴보면, 2005년까지만 해도 명동과 강남에만 상점들이 있고 마포구에는 하나도 없었다. 그런데 불과 10년 동안 커다란 변화가 생겼다. 특히 마포구의 변화가 상전벽해다. 홍대 앞을 비롯해 그 인근의 상수동, 연남동으로 상권이 넓어졌다. 강남구도 극적인 성장을 했다. 가로수길을 비롯해 이 지역에는 수많은 성형외과, 피부과, 백화점 등이 있어서 유커들에게 핫플레이스로 알려진 곳이다.

유커의 소비 덕분에 계속 적자이던 화장품 무역수지는 2014년 처음 흑자로 돌아섰다. 실제 중국 관광객이 한국에 방문하면 빼놓지 않고 구매하는 품목이 화장품이다. 오로지 화장품을 사기 위해 한국을 방문하는 유커가 있을 정도다.

하지만 이로 인해 지역마다 가지고 있던 고유한 정체성이 사라지고 획일화되는 문제가 생겨났다. 홍대 인근에서 15년째 살고 있는 가수 정문식 씨에게 홍대 거리는 삶의 터전이자 꿈을 키워온 특별한 공간이었다.

"아주 오래된 라이브 클럽이 있었어요. 저도 거기서 공연했었는데 지금은 문을 닫았죠. 또 소극장이던 곳이 무슨 전시장으로 바뀌었고요. 홍대 문화를 상징하던 공간들이 자꾸 없어져서 무척 아쉽습니다."

게스트하우스를 운영하는 정현준 씨에게도 지금의 변화가 딜레마다. "화장품 가게가 많으면 그만큼 많은 유커를 끌어들일 수 있으니 저에게는 상당히 좋아요. 하지만 그것 때문에 홍대의 고유한 문화가 없어지는 것은 저에게도 딜레마입니다. 홍대 거리가 서울 어디에나 흔한 화장품 가게와 쇼핑점들로만 채워진다면 홍대만의 특별한 문화와 색채가 사라질 테고, 이게 곧 유커의 실망과 관광객 감소로 이어질 테니까요."

제주도에 들이닥친
차이나 머니의 두 얼굴

─────

유커 쓰나미는 과연 위기일까 기회일까? 중국은 우리에게 어떤 미래인가? 유커 쓰나미가 우리 사회에 몰고 올 변화는 가치판단에 따라 좋을 수도 나쁠 수도 있다. 그리고 우리가 원하든 그렇지 않든 간에 변화는 이미 일어나고 있고, 그 속도도 점점 빨라질 것이다. 지금 우리가 해야 할 일은 그러한 변화를 제대로 직시하고, 그로 인해 파생될 문제들을 정확히 인지하고 대비하는 것이다.

차이나 쓰나미의 양면성을 잘 보여주는 제주도의 변화 사례는 작금의 현실을 직시하는 데 훌륭한 자료가 될 것이다.

유커 쓰나미를 등에 업고 2013년 '제주 관광 천만 시대'를 화려하게 연 제주도. 바람, 돌, 여자가 많아 삼다도라 불리던 제주도에 최근 중국인 관광객이 많아지면서 '사다도'라는 별명이 생겼다. 중국을 제외한 다른 나라 관광객들이 불편해할 정도로 제주도는 중국인들로 넘쳐난다. 제주도를 찾는 유커 관광객의 수는 매년 증가를 거듭해 2014년에는 280만 명에 이르렀으며, 2015년에도 224만 명이 제주를 찾았다. 덕분에 제주도 경제는 어느 지역보다도 높은 성장세를 이어가고 있다.

그런데 막상 제주도 주민들은 유커의 방문에 우려를 표한다. 제주도의회가 제주도민을 대상으로 설문조사한 결과, 68퍼센트의 제주도민이 유커가 제주 발전에 큰 도움이 되지 않는다고 답변했다. 유커 파워가 주는 막대한 경제효과에도 불구하고 왜 이런 결과가 나왔을까?

제주 관광 천만 시대의 1등 공신은 유커였다. 대형 크루즈에서 쏟아져 나온 중국 관광객들이 제주도 곳곳을 누볐고, 제주도 주민들은 엄청난 기회라 여겼다. 하지만 중국 여행사들이 본격적으로 진출하면서 상황이 순식간에 역전됐다. 관광수입 역외 유출 문제가 불거진 것이다. 한국은행 제주본부에 따르면, 도내 관광업계의 영업이익 55퍼센트가 역외로 유출되었고, 호텔업도 61퍼센트가 넘는 돈이 역외로 나갔다. 심지어 유커 특수를 최고로 누린 제주 면세점도 외국 브랜드가 많아 50퍼센트 이상이 역외로 나가는 실정이다.

제주도에서 15년째 여행사를 운영하는 김은진 씨는 유커들이 제주도에 몰려오고는 있지만 제주도민에게까지 그 이익이 이어지지는 않는다고 말한다.

"유커가 갑자기 300만 가까이, 정말 쓰나미처럼 몰려오는 바람에 제주의 관광 인프라가 많이 부족했어요. 그런 부분들을 정비하는 사이에 중국 자본이 진출했죠. 자본이 워낙 막대하다 보니 지금 거의 95퍼센트 가까이 장악한 상태예요. 그리고 중국 관광객 대부분이 이런 대형 중국 여행사를 통해 들어오고, 중국 버스회사의 차를 타고, 중국에서 온 가이드와 함께 중국인이 운영하는 관광지를 돌다가 또 중국인이 운영하는 호텔에 가서 쉬어요. 이러니 저희 같은 토속 관광업자들은 굉장히 한가하죠."

물론 이런 현실에 제주도가 손 놓고 있지만은 않았다. 민관이 협심하여 제주를 제주답게 관광할 수 있는 콘텐츠와 관광상품을 개발하고 있다. 제주도의 새로운 명물 황금버스는 이러한 고민의 일환으로 생겨났다. 제주도 내 20개 관광지를 운행하는 이 순환형 도시 관광버스는 중국인이 좋아하는 숫자 '8'로 번호판을 달고, 부를 상징하는 황금색으로 꾸몄다. 버스 내부는 물론이고 승무원들의 옷과 의자 시트까지 번쩍이는 황금색으로 맞춘 모습에서 유커의 마음을 잡기 위해 치열하게 고민한 제주의 노력이 느껴진다.

그런데 문제는 제주도의 고민이 관광 수입 역외 유출만이 아니라는 것이다. 거세게 부는 중국인의 부동산 투자 열풍 또한 제주의 고민거

황금버스는 유커들을 위해 개발된 제주도의 새로운 명물이다. 제주도가 관광지로 부상하면서 중국인 투자
자들이 대거 제주도에 몰려들었고, 이들은 고급 리조트와 콘도 등을 사들이며 제주도에 부동산 투자 열풍
을 일으켰다.

리다. 제주도는 지역경제를 활성화하기 위해 2010년 국내 최초로 '부
동산 투자이민제도'를 도입했다. 5억 원 이상 부동산에 투자한 외국인
에게 자유로운 경제활동이 가능한 거주 비자를 주고, 5년 이상 유지하
면 영주권을 주는 이 제도는 2023년까지 한시적으로 시행된다.

문제는 이 제도 시행 이후 중국인 투자자들이 대거 제주도에 몰려들
면서 불거졌다. 이들을 겨냥한 고급 콘도가 여기저기서 건설되기 시작
했고, 중국인의 제주도 땅 매입 역시 급증했다. 그 결과 2015년 기준
외국인 소유 토지 면적은 제주도 전체 면적의 1.1퍼센트에 달했고, 그
가운데 44.4퍼센트가 중국인 소유다. 또한 거주 비자를 받은 1300명
중 무려 98퍼센트가 중국인이다.

이로 인해 부동산 가격이 급등했고, 무분별한 개발이 이어지면서 천
혜의 아름다움을 자랑하던 제주도 자연이 훼손되고 있다. 게다가 중산

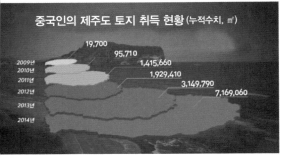

제주도에 부동산 투자이민제도가 만들어지면서 중국인의 제주도 땅 매입이 급격하게 증가했다. 문제는 중국인들이 사들이는 지역이 대부분 경관이 좋고 환경적 가치가 뛰어나다는 것이다. (출처: 제주특별자치도)

간 지역의 난개발로 지하수 오염마저 우려되고 있다.

결국 제주도는 자연이 난개발되고 밀려드는 중국 자본이 무분별하게 투자되는 것을 막고자, 기존에 제주 전역에 해당하던 투자이민 대상 지역을 지정된 관광지로 제한했다. 외국자본의 투자가 부동산 일변도로 흐르는 것을 막고, 신재생 에너지·교육·의료 등 다방면으로 자본을 균형 있게 유치하고자 전략을 수정한 것이다. 하지만 이러한 규제 때문에 투자 활기가 급감했다는 지적이 벌써 나온다. 투자가 갑자기 줄어들어 경기가 급랭하는 상황을 우려하는 것이다. 투자 거품이 꺼지는 것도, 계속 커지는 것도 문제인 제주의 고민은 깊어가고 있다.

현재 부동산 투자이민제도를 도입한 지역은 제주도를 포함해 전남 여수, 부산, 인천, 경기 파주, 강원도 등 상당수다. 물론 아직까지 투자가 제주도에 편중되고 있기는 하지만, 여타 지역들도 제주도에서와 비슷한 문제를 안고 있다.

결국 제주도가 지금 겪는 문제와 고민은 제주도만의 고민이 아니라 우리 사회가 함께 풀어야 할 숙제다. 그렇다면 투자이민제도처럼 해외 자본이나 외국인 관광객을 유치하기 위한 정책과 사업을 시행하려 할 때 중요한 것은 무엇일까? 전문가들은 사회적 합의를 이룰 수 있는 시스템이 중요하다고 말한다. 우선 세계 각국의 사례를 치밀하고 정확하게 조사해서 벤치마킹해야 한다. 어떤 나라에서 어느 해에 어떤 정책을 시행했더니 어떤 부작용이 있었고 또 어떤 경제적 효과가 있었는지, 깊은 연구와 토론이 필요하다.

다음으로는 사회 구성원들 사이에 합의를 마련해야 한다. 해외자본이 우리 사회에 미치는 영향을 어떻게 받아들이고 이용할 것인지는 사회적인 합의가 필요한 문제다. 이러한 과정 없이 각 영역의 경제주체들이 서로 조금이라도 더 많은 이윤을 취하려 중구난방으로 다투다 보면 전체적으로 통제 불가능한 상황이 올 수도 있다. 일례로 이미 중국인 관광객 유치를 위해 지자체들이 벌이는 출혈경쟁의 실효성에도 의문이 제기되고 있지 않은가. 그런 상황이 닥치지 않도록 사전에 이 기회이자 위기를 사회 전체적 관점에서 공론화하고 조율하고 합의하려는 노력이 필요하다. 그리고 그와 같은 노력은 먼 미래가 아니라 지금 당장 필요하다.

사실 차이나 머니로 인한 긴장은 우리나라뿐 아니라 전 세계적인 현상이다. 아시아, 아프리카, 유럽, 미국 등 세계 어디에나 차이나 머니의 손길이 뻗쳐 있다. 그리고 세계 곳곳에서 수많은 문제들이 양산되고 있다. 캐나다의 밴쿠버 또한 막대한 차이나 머니로 인해 심각한 갈등을 겪는 지역 중 하나다. 밴쿠버의 사례는 무분별한 중국인 투자 유치가 어떤 결과를 초래할 수 있는지 그 미래를 보여준다.

전 세계를 휩쓴 차이나 머니가
사들이는 것?

—

캐나다 밴쿠버는 기온이 영하로 떨어지는 날이 거의 없어 따뜻하고 살기 좋은 도시로 손꼽힌다. 밴쿠버에서도 국제공항이 자리해 있는 리치먼드는 중국계 이민자 거주율이 50퍼센트가 넘는다. 이곳의 한 마을은 모든 집이 판매 중이다. 집집마다 부동산 매매를 광고하는 팻말로 가득하다. 내걸린 팻말에는 대부분 중국인 부동산 업자의 연락처가 적혀 있다. 옛집들은 개조되어 크고 화려하게 변하고 있다.

4대째 리치먼드에 살고 있는 캐리 씨는 이웃이 하나둘 고향을 떠나는 것을 지켜봐야 했다. "오랫동안 함께한 이웃의 집을 판다는 표지판을 보았죠. 그런데 시장에 나온 지 하루 만에 148만 달러에 팔리더라고요. 아마도 그 집은 300만 달러짜리 집으로 바뀔 거예요."

밴쿠버의 부동산 가격이 급등하기 시작한 것은 2008년부터다. 부유한 중국인들과 함께 유입된 막대한 차이나 머니가 밴쿠버의 소도시였던 리치먼드를 급격히 개발시켰다.

얼마 전까지만 해도 캐나다에는 주정부에 80만 캐나다달러(약 7억 원)를 투자할 경우 이민비자를 발급하는 투자이민제도(IIP)가 있었다. 그런데 중국 경제가 급성장하면서 이 제도를 통해 이민 온 중국인들이 밴쿠버의 고급주택을 사들이기 시작했다. 부동산 중개업을 하는 앤드류 씨는 중국인 고객들이 차원이 다르다고 말한다. "저희 중국인 고객 중에서는 정기적으로 일등석을 타고 오는 분들이 많아요. 또 몇몇은 개인 비행기를 이용하기도 하죠. 우리랑 삶의 방식이 달라요. 자신의 집에서 단 몇 주나 몇 달, 몇 년 정도만 살기도 합니다."

밴쿠버와 같이 상대적으로 작은 도시에, 단기간에 수천 명의 백만장자가 들어오다 보니 그 영향력이 막강하다. 1년간 밴쿠버의 부동산 가치는 12~15퍼센트 급성장했고, 밴쿠버는 세계에서 가장 집값이 비싼 도시 중 하나로 떠올랐다.

문제는 치솟은 집값을 감당하지 못한 수많은 현지인들이 도시를 떠나고 있다는 점이다. 각계각층에서 투자이민제도에 대한 우려의 목소리가 높아졌고, 일부 시민들은 이 제도에 반대하는 단체를 만들어 적극적으로 문제를 제기하기 시작했다. 해마다 집 마련이 어려워지고 젊은 인력의 유출도 심해졌기 때문이다.

경제 활성화를 위해 실시된 투자이민제도는 분명 캐나다의 경제발전에 큰 도움이 됐다. 하지만 7~8년 전부터 부유한 중국인들이 급격히 몰려들면서 문제가 생기기 시작했다. 차이나 머니가 다양한 산업

캐나다 밴쿠버에 부유한 중국인들과 함께 유입된 막대한 차이나 머니는 소도시였던 리치먼드를 급격히 개발시켰다. 시민들은 투자이민제도에 반대하는 단체를 만들어 적극적으로 문제 제기했고, 마침내 영주권 구입 수단으로 전락한 투자이민제도는 시행 20여 년 만에 폐지됐다.

분야에 투자될 것이라는 예상과 달리 오로지 부동산 분야로만 쏠린 것이다. 결국 대규모 차이나 머니로 부동산 시장만 과열되어, 밴쿠버는 뉴욕보다 집을 구하기 힘든 도시가 되어버렸다. 이로써 정작 집이 필요한 캐나다 사람들은 집을 구하지 못해 계속해서 외곽으로 밀려나는 등 수많은 부작용을 겪어야 했다. 결국 2014년 2월 영주권 구입 수단으로 전락한 투자이민제도가 폐지되고, 좀 더 강력한 조건을 갖춘 새로운 제도가 도입되었다.

차이나 쇼크? 차이나 찬스?

———

세계 경제의 위기는 중국의 기회라는 말이 있다. 2009년 심각한 재정 위기를 겪은 그리스는 지중해 물류 중심지인 아테네 항의 부두 운영권을 중국에 팔아야 했다. 막대한 지하자원이 매장되어 있지만 재정 부족으로 개발을 못 하고 있던 페루의 광산 채굴권도 중국에 팔렸다. 또한 차이나 머니는 뉴욕이나 영국의 상징이 되는 랜드마크 건물들을 수조 원을 들여 매입하는 등 차원이 다른 파워를 보여주기도 했다. 중국은 이 막대한 자본력으로 세계의 판도를 바꿔나가고 있다.

물론 중국 자본의 투자에 위험성만 있는 것은 아니다. 차이나 머니는 우리 경제에 반드시 필요하며, 긍정적인 효과도 상당하다. 우리나라의 많은 기업과 지자체는 해외투자자본이 절실한 상황이다. 서울 DMC 랜드마크나 부산 해운대 엘시티처럼 자본이 부족해서 건설이 중단되었다가 중국인 투자가 이뤄지면서 비로소 재개된 곳이 꽤 많다. 일자리 창출과 지역경제 활성화 등 이로 인한 경제효과는 막대하다. 하지만 그 영향력이 거대한 만큼 또 다른 이면도 존재하는 것이 사실이다. 당장 외국 자금이 들어와서 경제가 좋아진다고 긴장의 끈을 놓아버리면, 우리도 캐나다 밴쿠버의 전철을 밟게 될지 모른다.

'방 안의 코끼리(Elephant in the room)'라는 말이 있다. 명백한 문제임에도 무시하거나 언급하지 않는 불편한 진실을 이를 때 쓰는 말이다. 어느 날 방 안에 작은 코끼리 한 마리가 들어왔다. 그런데 그 코끼리가 예쁘다고 그냥 놔두다 보면, 코끼리는 점점 더 커져서 결국 방 주인을 내쫓고 만다. 우리 방 안에 지금 중국이라는 코끼리가 들어와 있다. 그리고 틀림없이 몸집을 불릴 것이다. 이 중국발 코끼리를 어떻게 할 것인가?

세계의 수많은 전문가들은 2022년이 되면 중국이 미국을 제치고 세계 경제 최강국이 될 것이라고 전망한다. 중국의 비상은 이제 막 시작됐다. 중국이 중심이 되는 세계 경제가 코앞으로 다가온 것이다. 그리고 그러한 중국과 서해바다를 맞대고 있는 우리는 중국발 쓰나미를 온몸으로 받아내야 한다.

쓰나미는 오지 말라고 소리친다 해서 오지 않는 게 아니다. 이미 피할 수 없는 흐름이라면 이 위기를 기회로 만들어내는 전략이 필요하다. 물론 국가 차원에서 차이나 쇼크가 불러올 부정적인 측면을 극복하고 긍정적인 측면을 극대화하는 전략을 총체적으로 세워야 한다. 하지만 사회 각 분야, 산업 각 분야에서 각자 나름의 전략으로 각개전투를 해야 하는 시점이기도 하다.

사실 몇 년 전까지만 해도 우리는 외국인 관광객이 찾지 않아 고민이었다. 그런데 어느 날 눈떠보니 유커 쓰나미 현상이 생겨났다. 찾아오지 않던 나라에서 찾아오는 나라가 된 것이다. 우리가 진짜 고민해야 할 문제는 어떻게 하면 차이나 머니에 휩쓸리지 않을 것인가가 아니라, 이것을 어떻게 하면 분명한 기회로 만들어낼 수 있느냐다.

한국은 지금 내수시장의 성장이 둔화된 시점에 있다. 기업들은 글로벌 시장으로의 진출이 필수적이다. 특히 우리는 거대한 소비시장인 중국과 바로 이웃해 있다. '세계의 공장'에서 '세계의 시장'으로 변모한 중국의 성장은 우리나라 기업에 굉장히 큰 기회다. 아모레퍼시픽 그룹처럼 중국 진출에 적극적인 기업들은 중국 시장을 수출국 중의 하나로

보지 않는다. 중국을 제2의 내수시장으로 활용해야 한다는 전략 아래 글로벌 기업으로 성장해나갈 기회를 엿보고 있다.

하지만 중국 소비자들은 광활한 영토의 크기와 방대한 인구수만큼 세계에서 가장 복잡하고 까다롭기로 유명하다. '우리가 좋아하는 것은 그들도 좋아할 것'이라는 안일한 전략으로는 살아남기 어렵다. 글로벌 기업의 무덤이라는 중국에서 쾌거를 이룬 기업들은 하나같이 중국과 우리가 비슷할 거라는 어설픈 기대부터 버려야 한다고 말한다.

결국 방 안의 코끼리에 밟히지 않기 위해서는 코끼리 등에 올라타야 한다. '위기(危機)'란 '위험'과 '기회'가 합쳐진 말이라고 한다. 우리가 이 코끼리 위에서 그들보다 더 거시적인 시각을 가지고 그들의 강점을 직시해야 한다. 한국은 강대국 중국 옆에서 3000년을 살았다. 그 속에서도 독자적인 역사를 만들어왔다. 지금 다시 불어온 슈퍼차이나의 시대, 우리는 어떤 위험과 기회를 맞을 것인가.

중국발 쓰나미, 생존을 위한 조건

박지은 PD

2015년 메르스 사태가 터지기 전까지만 해도 '유커'는 누구에게는 대박의 기회이지만 일반인에게는 불편한 존재이기도 했다. 유커는 국내 명소를 떼 지어 몰려다니며 소란스럽게 만들고 유명 상점의 브랜드를 쓸어 담는 등 크고 요란한 여행 행태를 보여왔기 때문이다. 이 때문에 유커가 잘 다니는 관광명소나 음식점은 일부러 피하기도 한다.

좋든 싫든 유커의 등장은 어느새 일상이 되어 우리의 삶을 점차 바꿔 놓았다. 그런데 메르스 이후로 유커를 비롯한 해외 관광객이 줄어들자 새삼 그들이 우리 경제에 미치는 파급력을 인식하게 됐다.

'방 안의 코끼리'. 중국을 제일 잘 설명하는 단어다. 우리의 일상으로 깊숙이 밀고 들어오는 코끼리에 맞서 무엇을 어떻게 준비할 것인가. 기획의도에 맞춰 국내의 중점도시 서울, 부산, 제주 등지를 살펴봤다. 유커 쓰나미는 이미 예상보다 광범위하게 한국을 뒤덮고 있었고, 이들을 잡기 위한 필살의 몸부림을 현장에서 발견할 수 있었다.

특히 부산의 감천문화마을은 충격이었다. 나는 어릴 적 감천동이 속한 부산 사하구에 몇 해를 살아봤기 때문에 감천마을의 급속한 변화를 잘 알고 있었다. 감천마을은 태극도라는 종교를 가진 이들이 모여 사는 곳이다. 기존의 원주민도 있었지만 오래전 태극도를 믿는 사람들이 부산의 감천마을로 이주해 살면서 더욱 외지인의 발걸음이 뜸해졌다. 나조차 감천마을 근방에 살았어도 그곳을 가본 적이 없을 정도로 완전히 낙후되고 볼품없는 작은 마을이었다.

그랬던 이 마을이 어느날 천지개벽했다. 몇몇 예술가가 감천마을의 골목길에 마음을 빼앗기면서 벽화를 그리고 사진에 담으며 문화마을로 거듭나기 시작했다. 급기야 유커들이 손꼽는 한국의 명소로 탈바꿈했다. 지난 5년간 감천문화마을을 찾은 관광객은 400배 이상 폭증해 130만 명에 이르렀다. 부산 사람들도 찾지 않던 소외된 마을이 중국 관광객이 찾는 명소로 꼽히게 됐으니 실로 놀라운 변화다.

갑작스러운 변화에 따른 부작용도 만만치 않다. 외지 상인의 급속한 증가, 마을 특성과 무관한 상가 난립, 주민과 어울리지 못하는 프랜차이즈형 상가 등으로 공동체적이던 마을 분위기가 훼손되는 실정이다.

이러한 상권화의 흐름으로 감천문화마을은 젠트리피케이션(구도심이 번성해 외지인이 몰리면서 임대료가 오르고 원주민이 내몰리는 현상) 문제가 나타나고 있다. 그런데 이는 감천마을만의 문제가 아니다. 서울의 경우 종로구 서촌을 비롯해 홍익대 인근, 망원동, 상수동, 경리단길, 삼청동, 신사동

가로수길 등에서 비슷한 현상이 벌어지고 있다.

방송에서는 감천문화마을과 서울 홍대 앞만을 다뤘지만, 유커가 즐겨찾는 곳 대부분이 젠트리피케이션 현상을 겪고 있었다. 도심 상권을 활성화시키는 기회인 동시에 임대료가 오르고 원주민이 내몰리는 위협도 함께 가지고 있는 셈이다. 그래서 유커 쓰나미를 기회인 동시에 위기로까지 표현하고 있는 것이다.

더 큰 문제는 이러한 현상이 곳곳에서 벌어지고 있음에도 지역자치단체나 정부는 특별한 정책이나 규제 없이 손 놓고 있다는 점이다. 일단 유커를 모셔오기에만 급급하다. 내수경기가 침체된 상황에서 유커 유치는 물론 필수적이다. 하지만 어떻게 지속 가능하게 만들 것인지에 대한 고민이나 전략은 보이지 않는다. 2015년 상반기까지의 상황이 그랬다.

그러나 2016년에는 많은 변수가 기다리고 있다. 부동산 시장과 내수 시장이 꽁꽁 얼어붙은 국내 상황에서 중국 경제의 침체, 세계 유가 하락, 미국 금리 인상, 브렉시트 쇼크 등 글로벌 금융위기의 악재가 한국을 덮치고 있다. 이른바 차이나 3.0시대, 진짜 차이나쇼크가 온 것이다. 이제 더 이상 세계의 공장 역할을 하며 고공성장하던 중국은 없다. 중국의 그늘 밑에서의 달콤했던 기억은 과거가 되었다. 중국인의 마음을 사로잡으면서도 우리가 살아갈 수 있는 새로운 판을 짜지 않으면 대한민국은 저성장의 늪에 갇혀 옴짝달싹 못 할지도 모른다.

2015년 메르스의 여파로 관광산업에 큰 타격을 받았던 정부는 2016 년을 '한국 방문의 해'로 지정하고 유커 유치에 사력을 다하고 있다. 최근 급격히 악화된 경제상황만 본다면 갖은 수단을 써서라도 유커를 유치해 내수를 진작시키지 않으면 안 되는 절박한 상황이기 때문이다.

이렇게 절박한 상황이지만 엎친 데 덮친 격으로 한미 양국이 고고도 미사일방어체계(사드) 도입을 결정하면서 중국의 경제 보복까지 걱정 해야 하는 상황이다. 중국은 그동안 분쟁을 겪은 국가에 대해 예외 없 이 강력한 경제 보복을 가했다. 2000년 한국이 중국산 마늘에 대한 세 이프가드 조치로 수입관세율을 올리자 한국산 폴리에틸렌, 휴대폰 수 입 중단으로 응수하기도 했다.

자, 이제 중국과 관련된 모든 위기 상황은 우리 코앞에 닥쳐 있다. 차 이나쇼크 앞에 무너지지 않기 위해 우리는 경쟁력 강화 방안을 모색하 고, 중국이라는 기회를 붙잡기 위한 전략을 마련할 때다.

明見萬里

7장

대륙의 딜레마,
중국 경제 위기론

—

계란을 한 바구니에 담지 마라

明見萬里

'차이나 보너스'라는 말이 있을 정도로

전 세계에 기회의 땅이었던 중국.

그런데 중국의 경제위기를 알리는 신호가 나타나고 있다.

증시 폭락, 유령도시 등장, 통화가치 절하 ….

우리는 어떤 위험 요소에 대비해야 하나.

대륙의 딜레마,
중국 경제 위기론

> 계란을 한 바구니에 담지 마라

'뛰어내리지 말고 반등(反騰)을 기다리세요!'

—

2015년 여름, 중국 증시가 갑자기 폭락했다. 중국발 증시 불안은 중국을 넘어 아시아 거의 모든 나라의 주가 하락으로 이어졌고, 전염성 강한 바이러스처럼 전 세계를 공포로 몰아넣었다. 1년이 지난 2016년까지도 그 여파는 가시지 않고 주식시장은 작은 충격에도 크게 요동치고 있다. 그 충격의 끝에는 언제나 이와 같은 질문이 따라온다. "그래서 중국 경제는 지금 위기 상황인가?" 중국 경제 위기론이 촉발된 것이다.

지금 세계 경제는 중국발 위기상황에 촉각을 곤두세우고 있다. 특히 중국에 대한 무역의존도가 높은 한국에 중국의 경제 침체는 심각한 재앙이다. 과연 중국 경제 위기론은 현실이 될 것인가. 그렇다면 우리는 이 위기상황에 어떻게 대처해갈 것인가.

우선 중국 증시가 폭락할 당시 상황부터 살펴보자. 1990년 중국 본토 최초의 증권거래소인 상하이 증권거래소가 개장하면서 중국 주식시장의 역사가 시작됐다. 이후 3000조 원 이상의 주식 거래가 몰리며 상하이는 아시아 최고의 금융도시로 성장했다.

상하이 주식시장은 2015년 6월 최고점을 찍기 전까지 1년간 151퍼센트 넘게 급등하며 세계 2위 규모로 올라섰다. 그런데 악몽이 시작됐다. 수직상승하던 지수가 6월 12일 최고점(5166.35)을 찍고 한 달도 안 돼 32퍼센트나 폭락(3507.19)했다. 그래프는 곤두박질쳤고 두 달 동안 런던 증시 전체 규모와 맞먹는 4조 달러가 증발했다.

증시 폭락 사태에 직격탄을 맞은 것은 개인 투자자들이었다. 중국 증시는 한국과 달리 기관이 아닌 9000만 명의 개인 투자자들이 주도하는데, 그 비중이 80퍼센트에 달한다.

지난 2014년 정부의 증시 부양책으로 주가가 급등하기 시작하자 중국 전역에 주식 바람이 불었다. 언론도 연일 주요 뉴스로 주식 시세를 다루고 성공 투자자를 소개하는 등, 주식 띄우기에 열을 올렸다. 장밋빛 미래에 사람들은 불나방처럼 뛰어들었다. 자산을 팔거나 돈을 빌려서라도 주식 투자자금을 마련했고, 대학생까지 이 대열에 동참했다. 대학에 주식 관련 과목이 개설되었고, 학자금으로 투자에 나선 학생

2015년 중국 증시 폭락으로 빚더미에 오른 사람들의 자살이 이어지자 중국 정부에서 "뛰어내리지 말고 반등을 기다리세요"라는 현수막을 곳곳에 내걸었다.

들마저 생겨났다.

느닷없이 몰아닥친 주식 투자 광풍은 평범한 농부를 '주식의 신'으로 만들기도 했다. 산시성의 작은 농촌마을에서 사과농사를 짓던 난싱러우 씨. 그는 한때 주식의 고수로 불리며 텔레비전에 출연하기도 했다. 하지만 영문도 모른 채 폭락 사태를 맞았고, 엄청난 손실을 입고 말았다. "2만 위안을 손해봤어요. 온 가족이 1년 동안 사과농사를 지어야 벌 수 있는 큰돈이에요. 그 돈을 다 잃었습니다. 너무 큰 손해를 봐서 평생 갚을 수 없을 것 같아요. 가슴이 아픕니다."

베이징에 사는 한쥔 씨 또한 주식 폭락 사태로 전 재산의 3분의 1을 잃었다. "집 판 돈 450만 위안(한화 약 7억 5000만 원) 전부를 주식에 넣어서 손해를 많이 봤습니다. 중국은 여태까지 이런 적이 없었는데 너무 두려웠습니다."

이 사태로 주식에 대한 정확한 지식도 없이 뛰어든 수많은 개인 투자자들은 재산을 탕진하고 빚더미에 올라앉았다. 그리고 극단적인 선택이 이어졌다. 당시 중국 정부에서 내건 "뛰어내리지 말고 반등(反騰)을 기다리세요"라는 현수막은 당시 사태의 심각성이 어느 정도였는지 짐작케 한다.

고공행진하던 중국 증시가 곤두박질 친 이유는 무엇일까? 상하이 증권거래소 투자분석가 위샤오 씨는 폭락의 가장 큰 원인으로 중국 시장경제의 불안전성을 꼽았다.

"중국의 실물경제 상황이 튼튼하다고 할 수는 없습니다. 주가에 어느 정도 거품이 끼었다고 예상은 했어요. 특히 부채를 줄이는 과정에서 위험이 드러납니다. 그 과정에서 시장이 불안하기 때문에 주가가 큰 폭으로 떨어지는 겁니다."

결국 2008년 글로벌 경제위기 이후 중국의 수출 둔화로 실물경제가 악화되면서 주식시장에도 영향을 끼친 것이다. 게다가 주가 하락 국면에서 빚을 내 주식을 샀던 개인 투자자들이 빚더미에 앉게 될지도 모른다는 공포심에 주식을 내던지는 집단 투매 현상이 벌어졌다. 정부의 강력한 주가 부양책에도 공포는 연쇄반응을 일으켰고, 하락세는 멈출 줄 몰랐다. 전문가들에 따르면 당시 빚을 내 주식에 투자한 신용거래 비율이 전체 투자자금 가운데 10퍼센트에 달했다고 한다. 미국의 2퍼센트, 일본의 0.8퍼센트에 비해 비정상적으로 높은 수치다. 통계에 잡히지 않은 금액까지 더하면 그 비율은 훨씬 더 클 것으로 추정된다.

침체의 늪에 빠진 중국 경제,
최후의 수단인 '환율'에 손대다

—

더 큰 문제는 지난 주식 폭락 사태가 중국 증시를 넘어 중국 경제 전반에 대한 우려를 자아내고 있다는 사실이다. 최근 몇 년간 중국의 여러 경제 지표들이 강한 경고음을 내고 있다. 수년간 두 자릿수를 자랑하던 경제성장률은 2015년 목표치 7퍼센트에 못 미치는 6.9퍼센트에 그쳤고, 2016년에는 6.5퍼센트로 더 내려앉을 전망이다.

중국 경제를 이끄는 쌍두마차인 증시와 부동산은 폭등과 폭락을 반복하고 있고, 수출은 부진하며 내수경기 또한 불안하다. 결국 중국 정부는 실물경제 회복을 위해 통화가치 절하라는 강력한 카드를 꺼내들었다. 전문가들은 2015년 두 차례에 걸쳐 위안화 가치를 5퍼센트 가까이 내린 중국 정부가 2016년 하반기에 다시 통화절하를 할 가능성이 있다고 전망한다. 그리고 이와 같은 중국의 결정에 세계는 깜짝 놀랐다.

통화가치 절하는 다른 나라 화폐에 비해 자국 화폐의 가치를 떨어뜨리는 것으로, 대개 많은 대책을 써도 경기가 부양되지 않을 때 최후의 보루로 선택하는 카드다. 효과만큼 부작용도 심각하기 때문이다. 기업 입장에서는 가격 경쟁력이 높아져 외국에 더 많은 물건을 팔 수 있는 기회다. 하지만 국내적으로는 물가상승이라는 어려움에 직면할 수 있다. 더욱이 통화를 절하하면 주변국들이 상대적으로 통화가치가 상승하면서 막대한 손해를 보게 된다. 일본과 중국의 통화가치 절하로 한국 경제가 어려움에 직면한 것처럼 말이다.

하지만 이를 방어하기 위해 경쟁적으로 통화가치를 내리는 이른바 '환율전쟁'이 시작되면 결국 통화절하 효과는 감소된다. 더 큰 문제는 환율전쟁이 계속되면 결국은 자국 산업을 보호하겠다는 보호무역주의가 확산된다는 점이다. 결국 세계 교역이 더욱 위축되고 보호주의 장벽이 높아져 전 세계적으로 어려움에 빠질 수 있다. 특히 무역의존도가 높은 한국 경제가 받을 타격은 심각하다.

영국의 한 연구기관은 위안화 평가절하가 지속된다면 아시아 10개국 가운데 가장 큰 충격을 받을 나라로 한국을 꼽았다. 높은 대중국 수출 비중 때문이다.

1990년대 한국의 최대 교역국은 미국과 일본이었다. 그런데 2000년부터 무역량이 점점 줄어들고, 그 대신 대중국 수출량이 급격히 늘어나기 시작했다. 2005년에는 미국과 일본의 수출량을 껑충 뛰어넘었다. 2015년 한국은 중국에 가장 많은 상품을 수출했고, 그 비중은 26.1퍼센트에 달했다.

중국에 대한 무역의존도가 높아진 것은 한국만의 일이 아닌 세계적 현상이다. '차이나 보너스'라는 말이 생겼을 정도다. 마이크로소프트, 폭스바겐, 인텔 등 유명한 다국적 기업들이 중국에 공장을 세웠다. 삼성전자도 중국에서 노트북을 생산하고 있다. 그리고 한국, 일본, 대만 등은 이 다국적 기업들에 부품을 수출하며 많은 돈을 벌어들였다.

◆ 한국의 대중국 수출 비중

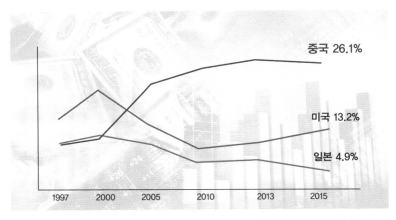

중국 26.1%

미국 13.2%

일본 4.9%

1997   2000   2005   2010   2013   2015

1990년대 우리나라 최대의 교역국은 미국과 일본이었다. 그러나 2000년부터 무역량이 점차 줄어들고 그 대신 대중국 수출량이 급격히 증가하기 시작했다. 중국에 대한 무역의존도는 점차 심화하는 추세다.
(출처: 산업통상자원부, 2015)

　　자원 부국 오스트레일리아 또한 차이나 보너스를 제대로 누렸다. 인구에 비해 자원이 부족한 중국 덕분에 오스트레일리아나 라틴아메리카 국가들은 호황을 맞았다. 중국이 시장에 나타났다 하면 철강이든, 시멘트든, 구리든 값이 폭등했고, 자원 부국들은 즐거운 비명을 지르며 생산라인을 증설해갔다.

　　그런데 갑작스럽게 중국 경제에 빨간불이 켜졌다. 그 타개책으로 중국 정부는 통화가치 절하라는 초강수를 두었다. 과연 위안화 평가절하는 우리 경제와 생활에 어떤 영향을 미칠 것인가. 우리나라 주력 산업 가운데 하나인 철강업의 침체에서 그 우울한 미래를 점칠 수 있다.

세계는 얼마나 중국에 의존하고 있나

―――

인천의 한 제철소. 이곳은 지난 10년간 철근을 생산해 중국과 전 세계에 수출하며 성장했다. 그사이 중국은 최고의 소비자에서 최고의 경쟁자로 탈바꿈했다. 저렴한 가격이라는 날개를 단 중국산 철근은 우리나라 시장을 순식간에 점령했다. 결국 중국의 주력 상품인 철근과 형강을 생산하던 국내 중소기업들은 하나둘 문을 닫았다.

중국이라는 거대한 시장에 기대어 고속성장을 해온 우리나라 철강산업. 하지만 최근 들어 중국산 철강제품의 공세로 철강업 전체가 흔들리고 있다. 2015년 상반기에만 중국산 철강제품 수입량이 전년 대비 34퍼센트 증가했고, 위안화 가치가 내려가면서 중국발 철강제품의 공세는 더욱 거세질 전망이다.

철강산업의 침체와 함께 불거진 문제는 그뿐만이 아니다. 싸다는 이유만으로 안전성이 검증되지 않은 제품이 대량 들어오는 일은 더 큰 문제다. 특히 국민 안전과 직결된 건설현장에 쓰이는 자재가 무분별하게 수입되면서 심각한 위험 요소가 되고 있다.

환율 문제는 주지하다시피 중국산 제품이 국내시장을 장악하는 데서 그치지 않는다. 값싼 중국산 제품과 세계에서 경쟁해야 하는 우리나라 기업들에게 위안화 평가절하는 날벼락 같은 소식이다. 위안화의 가치가 내려갈수록 세계 시장에서 중국산 제품 가격은 더욱 저렴해질 것이고, 중국과 경쟁이 치열한 반도체, 철강 등 몇몇 산업군이 받을 타

◆ 2015년 6월 회수된 해외 투자금

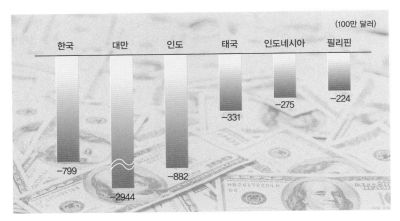

최근 중국의 경기둔화로 아시아 신흥국 경제 전체가 불안에 휩싸이고 있다. 중국의 수입량 감소로 원자재 가격이 폭락하자 신흥국의 투자금이 빠르게 유출되고 있다. 아시아 외환위기가 발생할지도 모른다는 우려의 목소리마저 나온다. (출처: 블룸버그)

격은 심각하다.

아시아 대부분의 국가에도 위안화 가치 변동은 강력한 스트레스다. 팜유 생산의 최적지로 꼽히는 캄보디아 역시 중국의 환율 하락으로 고통 받고 있다. 캄보디아 팜유의 최대 소비국은 중국이었다. 그런데 중국이 팜유 수입을 줄이자 국제 팜유 가격이 6년 만에 최저치를 기록했다. 설상가상으로 중국이 위안화 가치를 내리자 팜유 가격의 변동성이 더 커질 것으로 우려된다. 현재 이런 스트레스를 감당하지 못하고 작은 농장들이 하나둘씩 문을 닫고 있다.

최근 중국의 경기둔화로 아시아 신흥국 경제 전체가 불안에 휩싸이고 있다. 중국의 수입량 감소로 원자재 가격이 폭락하자 신흥국의 투자금이 빠르게 유출되고 있다. 아시아 외환위기가 발생할지도 모른다는 우려의 목소리까지 나오는 상황이다. 중국발 스트레스에 아시아 전체가 흔들리고 있다. 2008년 글로벌 금융위기 당시 침체의 늪에서 허우적대던 세계 경제를 구원한 중국. 지난 10여 년 동안 중국은 슈퍼차이나로서 세계 경제를 견인해왔다. 그런데 최근 중국발 경제 위기론으로 세계가 불안에 떨고 있다. 중국 경제의 침체 이유는 무엇인가? 잘나가던 세계의 공장 중국에 무슨 일이 벌어진 것인가.

대전환의 중국 경제,
경제구조 개편은 성공할 것인가

—

중국 최대의 수출 산업단지 광동성. 그중 둥관시와 선전시는 세계의 공장들로 붐비던 제조업의 요충지였다. 그러나 이곳에도 불황의 여파가 들이닥쳤다. 많은 해외기업이 입주한 선전시에 자리 잡은 한국기업들도 어려움을 겪기는 매한가지다. 중국제품을 해외로 수출하고 국내에 유통하고 있는 한국의 한 유통기업. 나름 탄탄한 이 회사조차 중국 제조업이 하락세를 보이면서 어려움에 직면했다. 하재웅 FGL 유통이사는 중국의 현재 상황에 우리나라의 외환위기 당시가 겹친다고 말한다.

"중국도 주식 폭락 사태 때문에 개인 파산자들이 굉장히 많이 늘어나고 있어요. 내수경기가 아직까지 보기에는 괜찮지만 실제로는 많이 곪아 있습니다. 수출경기도 굉장히 떨어졌다는 것이 체감됩니다. 정부가 뭔가 새로운 전략과 정책을 내놓지 않을까 기대하면서도 예전 우리나라의 IMF 때가 자꾸 생각나는 건 사실입니다."

아예 공장 문을 닫은 한국기업도 있다. 2007년 중국과 합작으로 세운 둥관의 한 전자부품 공장은 2015년 6월부터 휴업에 들어간 상태다. 주 거래처의 주문이 끊기자 직원 대부분이 공장을 떠났고, 임금을 받지 못한 중국인 몇 명만이 공장 설비를 지키고 있다.

이런 현상은 몇몇 업체만의 일이 아니다. 글로벌 금융위기 이후 둥관의 공장 수는 매년 15퍼센트씩 줄고 있다. 2015년 상반기 동안 260여 개의 공장이 운영을 중단했고, 공장을 부수고 아예 다른 시설물을 짓는 현장도 심심치 않게 눈에 띈다. 공장이 사라지고 있는 것이다. 노동인력이 떠나고 공장들이 속속 폐쇄되는 상황. 지역경제에 미치는 파장 또한 적지 않다.

식당을 하는 난찌덕 씨 또한 폐업을 심각하게 고민 중이다. 점심시간인데도 식당이 텅텅 비고, 매출은 2~3년 전에 비해 절반 이하로 뚝 떨어졌다. "얼마 전까지만 해도 발 디딜 틈 없이 붐볐는데 손님이 갑자기 사라졌어요. 회사들이 규모를 줄이면서 다들 이사 간 것 같아요. 전기세, 수도세에 집세까지 낼 생각하면 다 그만두고 고향으로 내려가야겠다 싶어요."

중국 경제성장의 주역이던 제조업 부문이 이처럼 불경기를 맞은 이유는 무엇일까. 둥관의 한 신발 공장에서 그 실마리를 찾아보자.

광둥성 둥관시에 위치한 차오훙 유한공사. 1994년부터 신발을 수출해온 이 회사는 저임금 노동력을 바탕으로 100만 달러 매출을 기록하기도 했다. 하지만 이곳의 올해 목표는 20만 달러. 한때 600여 명에 이르던 종업원 수도 최근 200여 명으로 줄었다.

2~3년 사이에 나타난 이 현상은 무리한 설비투자와 가파른 임금 상승이 주원인이다. 궈정뤼 차오훙 유한공사 회장은 1990년대 당시 300위안이던 월급이 최근 3000위안까지 올랐다고 한다. 결국 이 회사는 수익이 줄면서 생산설비의 절반을 이용하지 않기로 결정했다.

과잉 설비투자는 비단 이 신발 공장만의 문제가 아니다. 조사에 따르면 2010년부터 중국 내에 설비 이용률이 급격히 줄어든 것을 확인할 수 있다. 원인은 글로벌 경제위기 이후 전 세계 시장의 수요가 감소하고 인건비가 상승했기 때문이다. 중국의 노동법이 개정되고 노동자들의 임금 상승 요구가 커지면서 최근 10년 사이 중국 내 임금이 일곱 배 이상 뛰었다. 하지만 기업의 생산성은 이를 따라가지 못했고, 저렴한 인건비 혜택을 누렸던 많은 외국 기업들은 공장을 철수했다. 노키아의 휴대전화 부문을 인수했던 마이크로소프트의 철수를 비롯해, 대만 기업 폭스콘도 중국 공장을 인도로 옮길 계획을 발표했다.

중국 제조업에 한계가 온 것일까? 샹진웨이 아시아개발은행 중국 경제 전문가는 중국의 경기침체가 경제성장 구조를 전환하는 과정에서 발생하는 불가피한 과정이라고 주장한다.

◆ 중국의 임금 변동 상황

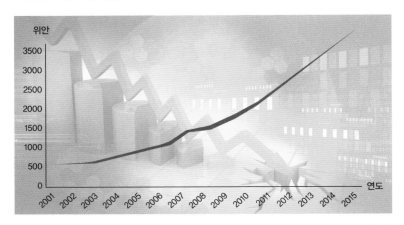

중국의 노동법이 개정되고 노동자들의 임금 상승 요구가 커지면서 최근 10년 사이 중국 내 임금이 일곱 배 이상 뛰었다. 하지만 기업의 생산성은 이를 따라가지 못했고, 저렴한 인건비 혜택을 누렸던 많은 외국 기업들은 공장을 철수했다. (출처: 중국국가통계국)

"이 같은 현상은 한국이 경험했던 것과 비슷합니다. 한국은 수십 년 간 빠른 경제성장률을 보였고, 임금 상승률이 주변 개발도상국보다 높아지자 자연스럽게 성장이 둔화되었죠. 지금 중국에서도 비슷한 일이 일어나는 겁니다. 그 자체만으로는 우려할 일이 아니에요. 지난 성공의 자연스러운 결과인 거죠."

결국 중국 경제가 지속 가능한 경제구조로 개편되는 과정에서 성장통을 겪고 있다는 이야기다. 투자와 수출에서 내수 소비 위주로, 노동집약에서 자본집약 산업으로, 전통적인 제조업에서 서비스와 금융 중심으로 주력산업이 재편되고 있는 것이다. 그리고 이 '신창타이(新常態)', 즉 새로운 상태로 접어드는 과정에서 전통적인 제조업의 침체는 한동안 이어질 전망이다.

중국 다롄에서 개최된 '2015 하계 다보스 포럼'에서 리커창 총리는 중국의 경제성장이 둔화되었음을 인정하는 동시에 안전성을 강조하며, 미래에도 지속 가능한 발전을 위해 토대를 닦고 있다고 자신했다. 그러나 중국의 장담에도 불구하고 세계는 불안한 시선을 거두지 못한다. 경제구조를 개편하는 과정에서 수많은 문제를 양산할 수 있고, 글로벌 경기침체 속에서 예상치 못한 위기가 발생할 수도 있기 때문이다. 당장 미국의 금리인상과 원유가 하락에 따른 산유국의 경기둔화 등의 변수에 중국 경제는 휘청거리고 있다.

헤지펀드계의 대부 조지 소로스는 중국 경제의 경착륙을 경고하며, 금융위기 직전 미국의 상황과 유사하다고 말한다. 그의 주장대로 중국 경제는 경착륙하고 말 것인가.

중국 경제의 시한폭탄, '빛'

─────

중국 정부는 '제13차 5개년 경제계획(13.5 규획)'이 시작하는 2016년부터 5년 동안 최소 성장률 목표치를 6.5퍼센트로 제시하며, 중국 경제가 안정적 성장 속에 연착륙할 것이라고 전망했다. 중국 경제의 연착륙은 GDP가 7퍼센트에서 6퍼센트대로 천천히 감소하는 것을 말한다. 마치 비행기가 활주로로 천천히 착륙하는 것처럼 말이다.

그렇다면 세계가 우려하는 중국 경제의 경착륙은 어떤 모습일까? 비행기가 추락하듯이 2년 안에 GDP가 3퍼센트대로 급격히 주저앉는 것이다. 세계에서 두 번째로 경제규모가 큰 중국의 경착륙은 세계 경제위기의 방아쇠가 될 만큼 위협적일 것이다. 경기가 급속히 둔화되면서 기업의 수익이 줄고, 실업률은 높아지고, 투자가 위축되고, 주가 역시 폭락하게 된다. 그리고 이 위기는 도미노처럼 아시아 전역의 침체로 이어질 것이다. 이것이 바로 전 세계가 중국의 경착륙을 두려워하는 이유다.

문제는 경착륙을 심화시킬 엄청난 리스크가 중국 경제에 존재한다는 사실이다. 세계가 예의 주시하는 중국 경제의 뇌관, 그것은 바로 '부채'다.

중국의 부채 문제는 2008년 글로벌 금융위기에서 비롯되었다. 당시 최고의 소비지였던 미국과 유럽 경제가 무너지면서 세계적인 불경기가 닥쳤고, 중국의 수출 물량 또한 급감했다. 중국 정부는 경기 부양을 위해 4조 위안, 우리 돈으로 670조라는 엄청난 돈을 시중에 풀었고, 대부분의 투자금은 국유기업과 지방정부의 도시개발에 투입되었다.

중국 정부는 금리를 낮추고 각종 부동산 지원책을 내놓는 등 부동산 경기 부양에 힘썼다. 너도 나도 돈을 빌려 부동산을 구매하자 부동산 가격이 오르기 시작했다. 가격이 오르면 오를수록 사람들은 경쟁적으로 빚을 내 부동산을 더 사들였다. 부동산 구매를 위한 대출이 쉬워지면서 주택을 여러 채 보유하는 것이 일반적인 현상이 되었다. 심지어 집값이 올라 돈이 될 것 같으면 고리대금을 얻어서라도 구매할 만큼 부동산 열기가 고조되었다.

부동산 시장 규모가 커질수록 중국의 가계부채는 빠르게 증가했다. 부동산 열풍이 불면서 가계 자산 중 부동산 비중 또한 급증했다. 2014년 중국인들의 자산 대비 부동산 비중은 75퍼센트를 넘었다. 미국, 영국 등 그 어떤 나라와 비교해도 월등한 수치다.

지방정부의 부채 규모 또한 2008년부터 매년 가파르게 상승하고 있다. 무엇보다 그 증가 속도가 엄청나다. 2008년부터 6년 새 지방정부의 부채 규모는 3배가 넘게 증가한 20조 위안. 우리 돈으로 약 3370조에 이른다. 부동산 투자에 돈을 쏟아부으면서 발생한 결과다. 더욱이 지방정부들이 수요를 제대로 고려하지 않고 과잉 투자하면서 발생한 유령도시 문제는 경제를 더욱 압박하고 있다.

한때 석탄과 희토류 등 자원개발 붐으로 동방의 두바이로 불리며 중국 제일의 부자도시로 손꼽혔던 네이멍구의 오르도스 시. 중국 지방정부는 이곳에 80만 명이 사는 신도시를 건설하겠다며 우리 돈 5조 원을 쏟아부었다. 그런데 4만 5000여 가구 가운데 지난 1년간 팔린 가구는 겨우 22퍼센트밖에 안 된다. 이미 지어진 집들도 대부분 집값 상승을 노린 투기꾼들이 구매하는 바람에 실제 살고 있는 주민은 거의 없다. 결국 오르도스 시는 중국의 대표적인 유령도시가 되어버렸다. 이 밖에도 장쑤성의 전장, 윈난성의 쿤밍 등 전국에 유령도시가 50여 곳에 달한다. 그럼에도 주택 수요가 없는 지역에서 무리한 도시화가 계속되고 있고, 그 과정에서 빚은 계속 늘어나고 있다.

경제가 건강할 때는 부동산 가격 상승이 경기를 활성화시킨다. 하지만 경기가 하락하면 가계와 지방정부에 쌓인 빚이 폭탄이 되어 중국 경제를 위태롭게 할 수 있다. 2015년 지방채 발행으로 지방정부 부채의 위험성이 다소 낮아지기는 했지만, 언제 다시 불거질지 모를 일이다.

더욱 심각한 것은 빠르게 늘어나는 기업부채 증가율이다. 중국의 실물경기 둔화가 지속되면서 최근 파산하는 기업들이 속출하고, 기업부채 증가율도 급등하고 있다. 국제결제은행(BIS)에 따르면, 2015년 말 기준 중국의 GDP 대비 기업부채 비율은 170.8퍼센트로, 신흥국(평균 104퍼센트)과 G20(평균 92퍼센트)에 비해 압도적으로 높게 나타났다. 참고로 우리나라 국내 상장기업들의 평균 부채비율은 약 120퍼센트인 것으로 조사됐다.

기업부채는 정부부채나 가계부채에 비해 고용, 투자와 직결되기 때문에 경제성장에 더욱 치명적이다. 유수의 글로벌 매체들도 중국 기업부채의 심각성을 주요하게 다루고 있다. 이들은 빚을 갚지 못해 도산하는 기업들이 속출하다 보면 고스란히 부실채권으로 이어져 금융시스템이 붕괴되고 실물경제까지 큰 타격을 받을 것이라고 경고한다.

빠르게 증가하는 부채가 치명적인 리스크로 작용하여 중국 경제가 경착륙하게 될 것이라는 우려가 잦아들지 않고 있다. 결국 중국 정부는 경착륙을 방지하고 침체된 경기를 부양하기 위해 위안화 가치를 내리는 선택을 할 수밖에 없었던 것이다.

중국발 경제위기, 어떻게 대응할 것인가

—

전체적인 산업구조를 바꾸는 대전환의 중국 경제. 그 성장통의 과정에서 중국 경제가 흔들리고 있다. 중국발 경제위기, 우리는 어떻게 대처할 것인가? 우선 금융시장 안정을 위해 정부의 적극적인 지원이 필요하다. 또한 기업은 중국 시장이 흔들리더라도 버틸 수 있는 다른 시장을 찾고 새로운 상품들을 개발하는 작업을 꾸준히 해야 할 것이다. 개인들 또한 경제 변화에 관심을 갖고 자산 위험을 관리해야 한다.

무엇보다 중국발 위기는 그동안 우리 경제가 얼마나 하나의 시장에 의존하고 있었는가에 대해 냉정하게 되돌아볼 수 있는 기회다. 분명 중국은 우리에게 기회의 땅이다. 중국이라는 거대한 시장에서 수익을 얻을 기회는 여전히 많이 남아 있다. 하지만 과거와 같은 고속 성장을 기대할 수 없는 것도 사실이다. 중국의 경기침체 국면에서도 성장하는 사업을 찾아 시장을 면밀히 분석하고, 변화하는 시장에 능동적으로 대처해야 한다.

무엇보다 간과하지 말아야 할 것은, 하나의 시장에만 의존해서는 변화하는 세계에서 살아남을 수 없다는 사실이다. 산업도 마찬가지다. 영원한 산업은 없다. 새로운 시장과 산업에 대한 도전을 두려워하지 말아야 한다.

늘어나는 가계부채, 급속히 위축된 수출, 얼어붙은 소비심리까지 우리나라 경제는 혹독한 겨울을 지나고 있다. 그러나 잊지 말아야 할 것은 경제의 겨울이 지나면 반드시 새로운 경제의 봄과 여름이 펼쳐진다는 사실이다. 독일은 통일 이후에 정말로 혹독한 경제의 겨울을 겪었다. 그러나 지금 독일은 유럽 위기의 한가운데서도 번영을 거듭하고 있다. 그것은 유럽시장의 변화 속에서 새로운 발전의 계기를 만들었기 때문이다. 중국발 경제위기에도 타격받지 않을 한국만의 독자적인 경쟁력을 고민해야 한다. 이러한 고민이 경제 분야를 넘어 우리나라 전체를 더 견고하게 만들 것이다.

슈퍼차이나에 가려진 진실

박지은 PD

　21세기 최대의 역사적 이변은 중국의 부상이다. 빈곤과 저개발 그리고 정치적 혼미 속에서 방황해온 중국이 개혁개방 30년 만에 세계 제1의 수출 대국 및 외환 보유국으로 우뚝 섰다. 2010년에는 아예 일본을 제치고 세계 제2의 경제대국으로 등극했다. 중국 경제가 향후 10년 안에 미국을 따라잡으리라는 예측도 나온다.

　그동안 세계는 중국의 거대한 인구가 주는 풍요를 누려왔다. 저장성의 허름한 공장에서 하루 열 시간씩 재봉틀을 돌리는 소녀의 희생이 있었기에 세계 소비자들은 싼값에 티셔츠를 입을 수 있었다.

　이 모든 것을 가능하게 한 중심에 농민공이 있었다. 2008년 세계 경제위기에도 흔들리지 않고 세계 경제의 판도를 바꾼 농민공. 그러나 이들은 현재 중국 주요 도시에서 2억 3000만 명의 '돌아갈 곳 잃은 철새'가 되어 방황하고 있다.

　농민공들은 이제 더 이상 싼값에 노동력을 팔지 않는 대신, 원자재시장에서 자원을 쓸어가는 존재로 변했다. 서방에 풍요를 안겨줬던 13억 인구가 이제는 고통을 주기 시작한 것이다. 그 고통은 지리적으로 가까운 우리나라에 빠르게 다가오고 있다.

제작진은 급박하게 돌아가는 중국의 부동산 개발 현장과 경제의 중심부인 상하이를 둘러봤다. 우리가 만난 중국 투자자들은 부동산 투자에 대해 변함없는 열정과 기대감을 가지고 있었다. 투자로 인한 주택 가격 상승은 대다수 아시아 국가의 대도시에서 흔한 현상이지만, 중국인들은 주택 투자자조차 중국의 부동산 시장과 경제 상황이 정확히 어떻게 돌아가는지 모르는 경우가 많았다. 저명한 경제학자들 사이에서도 의견이 갈렸고, 설사 진실을 안다 해도 정부의 눈치를 보느라 쉽게 입 밖에 꺼내지 않았다.

또한 경기가 주기적으로 후퇴할 때마다 중국은 몇 차례나 적극적인 통화정책과 재정부양책을 펼쳤다. 더욱이 과도한 유동성이 중국 경제의 많은 부분에 투기 거품을 만들어냈다.

그러나 이제 부동산 시장의 거품이 꺼지고 주식시장이 폭락했으며, 가계뿐 아니라 지방정부, 기업의 부채로 인해 중국 경제에 빨간불이 켜졌다. 10퍼센트 안팎의 성장률을 보이며 숨 가쁘게 달려왔던 중국 경제가 '경착륙이 불가피할 것'이라고 조심스럽게 전망하는 상황이다.

그렇다면 중국은 과연 세계 경제를 볼모로 잡을 만큼 위협적인 존재일까? 수치로 보면 그렇다. 세계 경제성장에 대한 중국의 기여율은

2008년 23퍼센트, 2009년엔 40퍼센트 안팎에 이른다.

중국이 경제성장 주기를 주도하는 이른바 '차이나 사이클' 시대가 열렸다. 1990년 동아시아 지역이 가장 먼저 이 차이나 사이클의 영향권으로 편입됐다. 한국, 일본을 비롯한 나라들은 '세계의 공장' 중국에 고부가가치의 부품을 공급하는 과정에서 중국에 대한 의존도가 높아졌다. 중국이 기침하면 인접국들은 독감에 걸리는 구조다.

차이나 사이클의 두 번째 편입 대상국은 자원 부국이다. 이들 국가에 막대한 차이나 머니가 뿌려지면서 자원 부국은 호황을 누렸다. 심지어 유럽도 중국의 영향권에 편입되고 있다. 그리스, 포르투갈, 스페인 등 재정위기에 빠진 나라의 국채를 중국이 매입하면서부터다. 유럽의 위기를 해결해줄 재정력을 갖춘 나라는 중국이 유일하다.

그러나 중국이 지난 30여 년간 보여줬던 10퍼센트 안팎의 성장세를 지속하기 어려워질 것으로 보이면서, 수출의 20~40퍼센트를 중국에 의존하는 한국, 대만, 말레이시아 등 주변국은 직격탄을 맞고 있다.

설상가상으로 중국이 G2 반열에 올라서고 3조 달러의 외환보유고를 앞세워 세계 자원과 기술을 쓸어 담는 괴력을 발휘할수록 내부의 문제는 더 커지고 있다. 고속성장의 후유증은 그 어느 나라보다 심각하다. 여기에 자원, 식량 부족 문제 등은 언제든지 중국 경제의 발목을 잡을 수 있는 복병이다.

게다가 중국은 모든 것이 공산당 정부 주도하에 이뤄지다 보니 시장이 원활하게 돌아가도록 관리하고 유도해야 할 국가가 오히려 이익 행위의 당사자가 되기도 한다. 국유기업을 앞세워 산업을 독점하고 국유은행을 매개로 자본을 장악한다. 이로 인해 민영기업과 힘없는 노동자들만 빈곤의 악순환에서 벗어나지 못하고 있다.

경제위기가 발생하면 피해자는 고스란히 중소 민영기업 몫으로 돌아간다. 중소기업은 은행대출이 쉽지 않아 대부분 그림자 금융에 의존한다. 중국의 지하금융 규모는 GDP의 약 20퍼센트에 달하는 10조 위안에 달할 것으로 전문가들은 추산한다. 이 중 절반은 정부의 통제에서 벗어난 불법 사금융 형태로 운영된다. 지난 30년간 쉬지 않고 돌았던 세계의 공장은 화려한 성장의 이면에 감춰진 문제로 그 기반 자체가 흔들리고 있다. 중국은 과연 이런 문제들을 어떻게 극복할 것인가?

우리는 더 늦기 전에 중국을 다시 보아야 한다. 중국을 그저 G2, 13억 대박시장 등으로 막연히 생각하거나 한눈에 쉽게 재단하려는 경향을 버려야 한다. 어찌 보면 이제까지의 중국 비즈니스는 쉬웠다. 우리는 '세계의 공장' 중국에 부품을 공급하기만 하면 됐다. 중국 수출이 늘어나면 한국도 덩달아 수출이 늘었다. 그런 면에서 중국은 축복과 같은 존재였다.

그러나 중국의 성장 패턴이 투자, 수출에서 내수소비 위주로 바뀌면서 제조업으로 맺어졌던 협력 체제는 변화가 불가피하다. 이제 양국 경제협력은 지난 20년과는 전혀 다른 패러다임으로 바뀔 것이다. 새로운 패러다임 변화에 적응하지 못한다면 중국이라는 존재는 축복이 아닌 저주로 바뀔 수도 있다.

급속하게 변화하는 중국, 우리는 어떻게 대처해야 할 것인가? '메이드 포 차이나' 시대의 생존법을 절실하게 고민해야 하는 시기가 다가왔다.

明見萬里

8장

무엇도 두렵지 않은
2억 명의 젊은이들

—

중국은 어떻게 주링허우 세대를 키우는가

明
見
萬
里

신제품 발표회 입장권을 10만 원 넘게 주고 사는 청년들.

예닐곱 명씩 한 아파트에 개미처럼 모여 살면서도 거창한 꿈을 꾸는 젊은이들.

선배 창업가들이 후배 창업가들을 끌어주고 키워주는 문화.

무엇이 중국의 젊은이들을 움직이나. 어떻게 중국은 세계 창업 1위국이 되었나.

무엇도 두렵지 않은
2억 명의 젊은이들

중국은 어떻게 주링허우 세대를 키우는가

차이나 3.0 시대, 중국의 미래 파워
주링허우 세대

—

2012년 11월 시진핑 체제의 출범과 함께 중국은 본격적으로 '차이나 3.0 시대'를 열었다. 급격하게 성장하며 삽시간에 경제대국으로 떠오른 중국이 앞으로 어떤 길을 걸을 것인가에 대한 전망은 엇갈리지만, 양적 성장에서 질적 성장으로 가는 방향에는 모두가 동의한다. 그리고 여러 위기 요소가 존재함에도 오히려 과거와 달리 중국의 성장동력이 더욱 무궁무진하다는 것에도 모두가 공감한다. 그 성장동력의 핵심은 무엇일까? 바로 '사람'이다. 그중에서도 중국의 젊은이들이다.

1990년대에 태어난 이들을 가리키는 주링허우(九零后) 세대. 이들은 중국 전체 인구의 무려 15퍼센트가량을 차지하는 약 2억 명의 젊은이들이다. 개혁개방 시대 이후 고도성장기에 태어나고 자란 주링허우들은 사고가 매우 자유분방하며, 각종 첨단 IT 기기를 능수능란하게 사용하는 얼리어답터들이다. 합리적인 소비 성향으로 소비를 주도하는 세대이기도 하다.

시진핑 체제가 출범했던 2012년 무렵부터 이미 중국에서는 주링허우 세대만을 겨냥한 마케팅이 이루어졌고, 모든 분야에서 이 세대들을 주목했다. 그들이 단순히 젊은 소비자층 이상의 의미를 가지고 있기 때문이다. 중국이 주링허우 세대에 주목하는 이유는 무엇일까? 그 실마리를 한 행사장에서 찾을 수 있다.

중국 베이징 국립컨벤션센터. 이곳에서 샤오미 신제품 발표회가 열렸다. 행사장 앞은 이른 아침부터 중국 전역에서 몰려든 사람들로 인산인해다. 그들은 단순한 구경꾼이 아니라 샤오미의 '팬'들이다. 샤오미 신제품 발표회는 여느 기업과 달리 우리 돈 1만 7000원짜리 티켓을 구매해야 한다. 그럼에도 현장에서는 정가보다 열 배나 비싼 암표가 거래될 정도로 그 인기가 대단하다.

행사가 시작되자 기대감으로 한층 고조된 팬들은 샤오미 회장 레이쥔의 말을 한마디라도 놓칠세라 무대에 집중한다. 마치 콘서트장에서 아이돌의 무대를 즐기는 열성 팬들과 닮았다. 다양한 제품이 공개될 때마다 환호성이 터져 나온다. 오랜 기다림 끝에 새로운 스마트폰이 공개되는 순간, 청중들은 샤오미의 주인인 듯 열광한다. 세상에 등장한 지 4년 만에 중국 스마트폰 시장 점유율 1위를 차지한 샤오미. 그리고 샤오미 신드롬을 만들어낸 열광적인 팬들. 그들은 단순한 소비자가 아니라 샤오미와 역사를 함께하는 주인공이다.

"저는 선전에서 비행기를 타고 2000킬로미터 넘게 날아왔어요. 샤오미를 엄청 좋아하니까요. 샤오미 1세대 제품부터 지금까지 계속 사용하고 있어요. 신제품을 발표할 때마다 모두 구입하고 있죠."

물론 애플이나 삼성에도 '애플빠', '삼성빠'라고 불리는 팬들이 있다. 그런데 샤오미의 팬들은 그냥 '빠'라고 하지 않고 '미팬'이라고 한다. 쌀가루라는 뜻의 미팬(米粉)이 모여 좁쌀, 즉 샤오미(小米)가 된다는 뜻이다. 샤오미 신화의 주인공인 미팬들은 단순한 소비자가 아니라 제품 개발 단계부터 적극적으로 개입하여 아이디어를 제공하는 '프로슈머(prosumer, 생산에 참여하는 소비자)'다. 회사는 이들의 아이디어와 제안을 적극적으로 제품에 반영한다.

한때 샤오미 제품은 '대륙의 실수'로 불렸다. 이 말에는 품질이 떨어지는 저가 제품만 만들던 중국이 어쩌다 '실수'로 성능 좋은 제품을 만들었다는 의미가 담겨 있다. 그러나 샤오미는 자신들의 성공이 '실수'가 아니라 '실력'임을 당당히 입증했다. 창업 5년 만에 기업가치는 200배 성장하여 460억 달러가 되었고, 이는 현대자동차의 1.5배, LG전자의 6배가 넘는 수치다. 2013년 중국 스마트폰 시장의 최강자는 삼성이었다. 당시 샤오미는 시장 점유율 5퍼센트 수준의 그저 그런 '애플 산자이(짝퉁)'로 여겨졌다. 그런데 불과 1년 만에 상황이 달라졌다. 샤오미는 세 배 가까이 성장하며 단숨에 1위로 올라섰고, 삼성은 중국 시장에서 점점 밀려나고 있다.

중국 IT 발전의 상징이 된 샤오미는 세계에서 가장 성공한 스타트업이다. 그리고 샤오미의 기적 뒤에는 중국의 비밀병기 주링허우들이 있다. 명실상부 세계 제2위의 경제대국으로 성장한 중국, 그 슈퍼 IT 차이나의 원동력은 다름 아닌 중국의 젊은 세대, 주링허우들이다. 주링허우 세대는 어떻게 슈퍼 IT 차이나의 주역이 되고 있는가? 그들이 이끌 중국의 미래는 어떤 모습일까?

슈퍼 IT 차이나를 이끌어가는 힘?

—

현재 중국의 인터넷 사용자 수는 전 세계에서 가장 많은 6억9000만 명이고, 스마트폰 사용자 수 또한 6억2000만 명에 달한다. 도시화가 빠르게 진행되면서 그 수는 점점 더 증가하고 있다. 중국인의 일상이 IT화되고 있다. 네일케어부터 배달음식, 쇼핑, 교통까지 중국인들은 스마트폰 하나로 일상생활의 편의 대부분을 해결한다. 불과 2~3년 사이에 일상생활에서 온라인 서비스를 누리는 O2O(Online to Offline, 온라인을 오프라인으로 연결하는 서비스) 시장이 새로운 트렌드로 자리 잡았다.

중국 IT 산업의 달라진 위상은 세계전자제품박람회(CES)에서도 확

◆ 2016 CES 국가별 참가업체

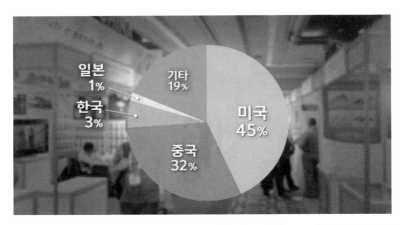

2015년 CES에 참여한 전체 3000여 개 기업 중 무려 30퍼센트가 중국 업체로, CES의 주인공은 단연 중국이었다. (출처: CES)

인할 수 있다. 미국가전협회(CEA)가 주관해 매년 1월 라스베이거스에서 열리는 CES는 세계 최대 규모의 가전·IT 제품 전시회다. 그만큼 세계 최고의 IT 기업들이 최첨단 기술을 선보이는 격전의 장이다. 그리고 이 CES의 주인공은 2015년에 이어 2016년에도 단연 중국이었다. 혁신적인 제품들이 쏟아져 나오는 중소기업관과 스타트업관을 비롯한 박람회장의 많은 부스를 1300여 개의 중국 업체들이 빼곡히 채웠다. 가히 중국이 박람회를 점령했다 해도 과언이 아니다.

그 가운데서도 눈에 띄는 곳은 드론 제작업체다. 2016년 CES의 키워드는 드론이었다. 현재 상업용 드론 시장에서 선두를 달리는 중국 업체 DJI는 세계 1위 기업답게 다양한 신제품을 내놓았으며, 또 다른 업체인 이항에서도 세계 최초로 사람이 탈 수 있는 유인 드론을 선보였다. 그뿐 아니라 가상현실(VR), 인공지능(AI)·로봇 등의 개발에도 중국은 발 빠르게 움직이고 있다. 이러한 중국 IT 산업의 비약적 발전은 전 세계, 특히 우리나라에 엄청난 파장을 미칠 것이다.

그 움직임은 이미 시작됐다. 페이스북, 구글, 야후 같은 글로벌 기업들이 중국의 이른바 'IT 만리장성'에 막혀 있는 동안, 로컬 IT 기업들은 자국 정부의 보호막 아래 거대 공룡기업으로 성장했다. 그리고 그 힘을 바탕으로 글로벌 시장 공략에 나서고 있다. 가장 유망한 스마트폰 시장으로 꼽히는 인도에서는 이미 화웨이, 레노버 같은 중국 기업들이 강력한 경쟁자로 부상했고, 텐센트와 알리바바 같은 거대 공룡들은 우리나라 시장까지 본격적으로 넘보고 있다. 중국 IT 기업들의 글로벌 시장 공략은 점점 더 거세질 전망이다.

무엇이 이러한 변화를 이끌어가고 있을까? 그 변화의 밑바탕에는 중국에 거세게 불고 있는 청년 창업 열풍이 있다.

이들은 어떻게 두려움 없이 꿈꾸는가

중국은 지금 전 세계에서 청년 창업이 가장 활발하게 이루어지는 나라다. 글로벌기업가정신연구(GEM)의 보고서에 따르면 54개 회원국 중 창업자 지수가 가장 높은 나라는 중국이었다. 그리고 이 창업 열풍의 핵심에 주링허우 세대가 있다. 중국의 실리콘밸리라고 불리는 베이징의 중관춘에서 주링허우들의 창업 열기를 확인해보자.

중관춘은 중국 IT 산업을 선도하는 기업들이 밀집해 있는 중국 창업의 메카다. 그 가운데서도 '창업거리(Inno-way)'에 있는 차고카페를 비롯한 창업 카페들은 젊은 창업자들의 인큐베이터 같은 곳이다. 스티브 잡스가 자신의 차고에서 창업을 시작했던 것을 고안해 만들어진 차고카페. 이곳에서 창업을 향한 열의에 찬, 주링허우 세대를 중심으로 한 청년 세대를 만날 수 있다. 안정된 큰 회사에 취직하기보다는 자신의 아이디어를 현실로 만들고 싶은 이 청년 세대들은 가진 것이 없어도 뭔가를 해보겠다는 패기와 열정으로 가득 차 있다.

그들의 꿈이 시작되는 차고카페는 주머니 사정이 좋을 리 없는 젊은 창업자들에게 커피 한 잔 값으로 작은 사무실이 펼쳐지는 공간이다. 전기, 인터넷 사용뿐 아니라 회의실 이용 등 다양한 장소가 제공된다. 그뿐 아니라 이곳을 찾은 예비 창업자들을 대상으로 창업 설명회를 열기도 한다.

또한 이곳은 단순한 작업 공간을 넘어 만남과 교류가 활발하게 이루어지는 '사랑방' 구실도 하고 있다. 예비 창업 청년들은 서로 정보를 공유하기도 하고, 마음이 맞는 사람끼리 공동 창업을 이뤄가기도 한다. 또한 투자자들과의 만남이 성사되기도 하는 등 2011년부터 현재까지 130여 개의 벤처기업이 이곳 차고카페에서 탄생했다.

주링허우 세대는 마치 창업 DNA라도 있는 듯, 자신의 꿈을 실현시

중관춘에 위치한 차고카페는 스티브 잡스가 자신의 차고에서 창업을 시작했던 것을 고안해 만들어졌다. 주머니 사정이 좋을 리 없는 젊은 창업가들에게 커피 한 잔 값이면 작은 사무실이 펼쳐진다.

키는 방법으로 창업을 선택하는 청년들이 빠르게 늘고 있다. 베이징 외곽의 한 다세대 주택에서 만난 청년들 또한 그러했다.

남자와 여자로 나뉜 두 개의 방과 하나뿐인 화장실, 그나마 거실에도 이층침대가 놓인 비좁은 아파트. 이곳에서 여섯 명의 젊은이들이 함께 생활하고 있다. 베이징에는 높은 방세와 생활비를 아끼기 위해 공동생활을 하는 젊은이들이 많다. 창업을 위해 농촌에서 상경한 청년 장구어는 이곳에서 친구들과 함께 생활하며 자신의 꿈을 펼치고 있다.

후난의 한 시골 마을에서 자란 장구어는 가난이 싫어 4년 전 베이징으로 왔다. 스물네 살인 그는 창업에 도전해서 이미 세 번의 실패를 겪었지만 네 번째 도전을 이어가고 있다. 주링허우 세대답게 그가 관심을 갖고 있는 분야는 스마트폰 애플리케이션. 친구들이 스마트폰으로 동영상을 즐기는 모습을 보고 동영상 서비스 애플리케이션 개발에 성공했다. 그는 '의미 있는 인터넷 기업인'이 되고 싶다고 말한다.

무엇보다 인상적인 것은 창업에 대한 이들의 강한 의지였다. 이 젊은이들은 대기업에 들어가거나 공무원이 되는 안정된 삶보다 자기 꿈을 실현시키는 것에 더욱 가치를 두고 있었다.

사실 이 친구들은 일명 '개미족'으로 불리는 청년들이다. 중국에서는 교육 수준은 높지만 생활비와 방세가 싼 집을 찾아 도시 외곽에 집단 거주하는 젊은이들을 '개미족'이라고 부른다. 무리 지어 거주하고 지능이 뛰어난 개미에 빗대어 표현한 것이다.

중국은 현재 사회적 불평등 문제가 아주 심각하다. 급격한 경제성장 속에서 도시와 농촌의 빈부격차가 확대되었고, 엄청난 부를 축적한 부자들과 절대 빈곤에 시달리는 농민공까지 계층 간 양극화 또한 심해지고 있다. 그뿐 아니라 최근 들어 이러한 불평등이 세습되기 시작하면서 계층 간 이동이 갈수록 어려워지고 있다.

하지만 중국판 '88만 원 세대'인 이 젊은이들은 미래에 대해 상당히 긍정적으로 생각하고 있다. 실제로 이들이 가장 즐겨 쓰는 단어는 '꿈'이다. 꿈을 말할 때 그들의 눈은 반짝반짝 빛난다. 빠른 경제성장 속에서 자란 이 주링허우 세대는 자신들이 만들어갈 중국의 밝은 미래를 확신했다. 또한 열심히 하면 자신의 미래도 더 나아질 것이라고 자신한다.

그렇다고 이 청년들이 아주 특별해서 미래를 낙관하는 것은 아니다. 최근 5년 동안 우리나라를 포함한 5개국 젊은이들의 가치관을 조사한 결과, 중국의 20대들은 과반 이상이 더 나은 미래가 올 것이라고 생각하고 있었다. 그러나 한국, 독일, 미국, 일본 등 어느 나라도 자신의 미래를 긍정하는 젊은이들이 50퍼센트를 넘지 못했다.

중국 청년들이 자기 꿈을 위해 과감히 투자할 수 있는 원동력은 무엇인가. 이들의 창업에 대한 두려움 없는 자신감 뒤에는 중국만의 창업 문화와 생태계, 창업 지원 정책이 뒷받침되어 있다. 그리고 중국 젊은이들에게 창업 열기를 불러일으킨 마윈과 레이쥔, 텐센트의 마화텅 같은 롤모델들이 있다.

중국 또한 부가 세습되고 있기는 하지만, 여전히 자신의 힘만으로 성공한 선배 창업가들은 중국 젊은이들에게 '나도 할 수 있다'는 자신감과 희망을 준다. 그 가운데서도 하나의 '풀뿌리'에서 중국 최고 부자 중 한 사람이 된 마윈은 주링허우 세대의 우상이다.

중국에서는 집안 배경 없고 돈 없고 못생긴 남자를 '댜오쓰(屌絲)'라고 일컫는다. 마윈은 "내가 성공한다면 80퍼센트의 사람이 성공할 수 있다"라고 했을 만큼 전형적인 댜오쓰였다. 그리고 마윈의 성공 스토리는 중국 젊은이들의 가슴을 뜨겁게 달구었다.

마윈의 세 가지 성공 비결

—

1999년 항저우 시후구, 마윈의 작은 아파트에 17명의 친구들이 모였다. 이들은 중국인 중 누구도 가지 않았던 '인터넷 전자상거래'라는 길을 개척했다.

마윈은 명문대를 나온 것도 아니고, IT 분야를 전공하지도 않은 그저 평범한 영어강사였다. 가난한 어린 시절을 보낸 그에게는 든든한 연줄도 자본금도 없었다. 더군다나 창업 당시에는 중국 인터넷 시장이 척박하기만 했고, 관료들은 인터넷에 무지했다. 하지만 마윈은 포기하지 않고 중국 관료들을 찾아가 인터넷 상거래의 중요성을 설득해나갔다.

그리고 마침내 그는 창업 15년 만에 중국을 넘어 세계를 집어삼켰다. 2014년 9월, 마윈이 만들어낸 전자상거래 업체 알리바바는 시가총액 약 27조 원에 달하는 규모로 뉴욕증권거래소에 상장됐다. 세계 증시 사상 최고 기록이었다.

스탠퍼드 대학에서 강연할 당시 마윈은 자신의 성공 비결을 '돈과 기술과 계획'이 없었기에 가능했다고 밝혔다. 즉 자본금이 없었기에 돈으로 해결할 수 있는 문제들을 아이디어와 노력으로 해결했고, 기술이 없었기에 능력 있는 기술자를 존중하고 우대했다. 또한 계획이 없었기에 변화하는 시장에 발 빠르게 대처하면서 적응해나갈 수 있었다는 것이다.

물론 영원한 1등은 없듯이 알리바바 또한 부침을 겪고 있다. 2015년 알리바바의 쇼핑몰인 타오바오에서 거래되는 상품 중 '짝퉁'이 60퍼센트 이상이라는 발표 후 주가가 하락하는 등 곤욕을 치렀다. 마윈이

항저우의 초라한 아파트에서 든든한 연줄도 자본금도 없이 시작해 중국 전체를 휩쓰는 기업인으로 성장한 마윈은 주링허우 세대의 꿈이자 우상이다. 알리바바는 2014년 시가총액 약 27조 원에 달하는 규모로 뉴욕 증시에 상장됐다. 세계 증시 사상 최고 기록이다.

직접 나서서 사과하며 사태는 일단락됐지만, 짝퉁 판매 이미지는 여전히 알리바바의 발목을 잡는다. 이를 반영하듯 2016년 5월 말, 텐센트가 시가총액 기준으로 알리바바를 제치고 중국에서 가장 비싼 인터넷 기업이 되었다. 그러나 우리가 주목해야 할 지점은 향후 알리바바의 성공이나 실패 여부가 아니라 제2, 제3의 알리바바를 꿈꾸는 예비 창업자 군단이 수억 명 존재한다는 사실이다.

선배가 후배를 끌어주고 키워주는
중국의 창업 문화

중국은 오늘날 창업을 차세대 경제성장 동력으로 지목하고 정부 차

원에서 적극적으로 지원하고 있다. 또한 중국에는 성공한 선배 창업가가 이제 막 시작하는 후배 창업가에게 수많은 기회를 주고 투자하는 문화가 있다. 이는 실리콘밸리에도 없는 중국만의 독특한 창업 문화다.

샤오미 회장 레이쥔이 150억 넘게 투자해 만든 국제 청년 아파트 유플러스(U+) 또한 그러한 정신이 이어진 곳이다. 이곳에서 창업을 꿈꾸는 젊은 세대와 그들을 응원하는 선배 세대 간의 소통이 만들어낸 중국의 미래 파워를 확인해볼 수 있다.

광저우에 있는 국제 청년 아파트 유플러스. 중국 전역에 불고 있는 창업 열풍은 이곳에서도 뜨겁다. 자신만의 꿈을 이루고자 창업에 도전하는 젊은이들의 모습은 앞서 살펴본 '개미족' 청년들과 닮았다. 하지만 국제 청년 아파트에는 다른 점이 있다. 이곳에서는 다양한 세대가 함께 모여 살며 서로 부족한 점을 채워주고 새로운 가치를 창출한다. 세대 협력을 지향하는 유플러스만의 독특한 문화는 창업 준비생들에게 좋은 길잡이가 된다. 리우양 대표는 이것이 유플러스의 가장 중요한 역할이라고 강조한다.

"유플러스에는 다양한 연령대가 있는데, 바링허우(1980년대 출생)가 주링허우를 돕고, 치링허우(1970년대 출생)가 바링허우와 주링허우를 돕고 있습니다. 앞선 세대가 성장하면서 겪었던 경험과 사회적 자원들을 나눠줌으로써 후배들이 헤매지 않게 하는 것이죠."

또한 유플러스는 젊은 창업가들의 플랫폼이기도 하다. 창업가들은 유플러스에서 동료를 찾을 수도 있고, 투자자나 판매 루트를 찾을 수도 있다. 창업은 단순히 좋은 아이디어만 있다고 되지 않는다. 재무, 마케팅 전략, 세일즈, 제품 생산 등 다양한 인적 자원이 필요하다. 이것을 한 사람이 해내기란 불가능에 가깝다. 유플러스라는 거대한 플랫폼에서는 관련 지식을 가진 사람을 찾아 아이디어를 사업으로 완성해갈 수 있다. 이렇게 중국만의 창업 문화와 생태계 속에서 많은 청년들이 제2, 제3의 마윈과 레이쥔으로 성장해가고 있다.

청년이 실패할 기회를
열어주는 사회

───

중국의 창업 열풍을 이야기할 때 빠지기 쉬운 함정이 있다. 중국의 창업 문화와 생태계 등은 고려하지 않은 채 중국 젊은이들의 열정만을 부각시키는 것이다. 이는 곧 우리나라와 단순 비교되면서 우리나라 젊은이들이 온실 속 화초 같다는 부당한 비난으로 이어진다.

하지만 지금껏 살펴본 바와 같이 젊은이들의 창업 열정은 개개인의 결단과 용기만의 문제가 아니다. 중국 정부는 자국의 많은 젊은이들이 새로운 창업을 할 수 있도록 대기업이나 외국 기업의 참여를 규제하고 생태계를 조성하는 등 많은 투자와 지원을 아끼지 않고 있다. 또한 재도전의 기회도 우리보다 훨씬 많이 주어진다.

◆ 한·중·일 창업 실패 횟수

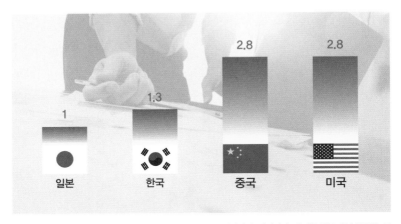

창업은 한 번에 성공하기가 상당히 어렵다. 그러나 한 번 실패하면 재기하기 어려운 한국에서 창업은 곧 모든 것을 건 도박이다. (출처: 중소기업청)

　　나라별 창업 실패 횟수를 보면, 중국은 적어도 세 번까지는 실패를 용인하고 계속 도전할 수 있는 여건이 되는 반면, 우리나라는 단 한 번 실패하면 바로 나락으로 떨어져 버리는 것이 현실이다. 물론 실패는 안 할수록 좋겠지만, 한 번에 성공하기란 결코 쉬운 일이 아니다. 실패가 밑거름되어야 결국은 성공을 거둘 수 있다. 트렌드 전문가 김난도 교수는 청년 창업 활성화를 위해서는 우리나라의 제도와 문화가 뒷받침되어야 한다고 강조한다.

　　"우리 젊은 세대를 둘러싼 현실은 고려하지 않고, 창업을 위한 문화와 생태계는 마련하지도 않은 채 젊은이들을 삭풍이 몰아치는 거리로 내모는 것은 아주 잔인한 일입니다. 실패해도 나락으로 떨어지지 않을 수 있는 사회적 안전망이 필요합니다. 젊은 세대가 마음껏 도전하고 실패하더라도 다시 재기할 수 있을 때까지 최소한의 물질적 지원을 해 줄 수 있는 그런 개념의 복지가 필요합니다."

창업은 취직이 안 되니까 할 수 없어서 하는 것이 아니다. '훨씬 더 좋은 곳에 취직할 수 있지만, 그럼에도 내 꿈을 한번 펼쳐보겠다'라는 도전이다. 물론 그렇다고 해서 '창업은 선이고 취업은 악'이라는 말은 아니다. 하지만 하루 평균 3만 4000개꼴로 생기는 스타트업 가운데 단 1퍼센트만 성공한다 해도 중국의 미래가 어떠할지는 상상 가능하다.

단 두 시간 거리에 중국이라는 거대한 나라가 있다. 그 나라는 이제 자신들이 자체 개발한 고속철로 전국을 하루 생활권으로 묶고, 모바일 혁명으로 13억5000만 인구를 촘촘히 연결해가며 시너지를 내고 있다. 이 거대한 중국이 다시 용틀임하며 세계 IT 강국으로 발돋움한다는데 두렵지 않은가. 더군다나 두려움 없는 열정과 패기로 끊임없이 도전하는 주링허우 세대가 이 변화를 이끌어가고 있다. 그들이 만들 중국의 미래는 더욱 가공(可恐)하지 않겠는가.

두려운 미래, 중국 주링허우 세대

최진영 PD

중국을 취재하면서 그들의 모습에서 우리의 과거를 떠올릴 수 있었다. '중국 추격론' 같은 얘기를 하려는 게 아니다. 진심으로 취재 대상 한 명 한 명에서 과거 우리나라 청년들의 모습이 보이는 것 같았다. 내일은 오늘보다 더 나으리라는 희망, 과거의 아픔은 미래를 위한 성장통이라는 믿음 그리고 더 잘살 수 있다는 기대. 저성장으로 침체된 사회에서 기본적인 희망조차 거세된 채로 사회안전망 없이 살아가야 하는 지금의 한국 청년들과 달리 중국 청년들에게는 '기회를 잡으려는 들썩임'이 가득했다. 마치 경제발전이 급격히 진행되던 과거의 한국 청년들과 같은 눈빛이었다.

우리가 청년 창업 아파트인 유플러스에서 만난 진팅위 씨는 그런 중국 청년의 전형을 보여줬다. 성공한 사업가들이 후원금을 모아 만든 청년 창업 아파트 자체도 매우 부러운 시스템이었지만, 아이디어와 패기만 있으면 누구나 자유롭게 창업할 수 있는 중국의 사회 분위기도 취재 내내 부러운 부분이었다. 주링허우 세대인 1991년생 진팅위 씨는 광저우 인근의 시골 출신이다.

"제가 고등학교를 졸업했을 때 집안이 파산했어요. 그 전에는 잘사는 편이었는데 한순간에 파산하면서 형편이 어려워졌습니다. 끼니도 제대로 못 챙겨먹었고 사는 곳도 마땅치 않아서 집안에 경제적 지원을 요구하지 않았습니다."

어린 시절을 힘들게 보냈기에 안정적인 삶을 원할 법하지만, 그는 몇 해 전 아르바이트로 돈을 모아 광저우로 돌아왔고, 지금의 창업 아파트에서 미래의 '레이쥔'을 꿈꾸고 있다.

"예전에 한 번 실패를 경험한 뒤로 그 느낌을 더 이상 두려워하지 않게 되었습니다. 오히려 가진 게 아무것도 없기 때문에 더 열심히 할 수 있고, 실패가 두렵지 않습니다. 안 되면 처음부터 다시 하면 된다는 생각으로 하고 있습니다."

진팅위 씨의 목소리는 생생함 그 자체였다. 어떻게 해서든 기회를 잡아보겠다는 의지와 희망이 느껴졌다. 한 번의 실패로 사회의 낙오자가 되어 두 번째 기회를 얻지 못하는 한국 청년들의 목소리와는 사뭇 달랐다.

진팅위와 같은 1990년대생, 즉 주링허우 세대가 지금 중국의 내일을 만들어가고 있다. 실패해도 다시 도전하면 된다는 그들. 실패를 두려워하지 않는 모습에서 이유 모를 두려움을 느꼈다.

사실 취재를 하면 할수록 더욱 무서운 점은 또 있었다. 바로 서로 간에 형성된 네트워크 문화였다.

"성공한 뒤 다른 사람들에게 성공을 나눠주고 돕는 것은 매우 즐거운 일입니다." "여기에서 많은 인재나 인맥, 능력 있는 사람들을 만날 수 있었습니다. 그리고 서로가 서로를 의무적으로 도와주기도 했습니다." "성공한다면 학교를 다니지 못하는 가난한 학생이나 많은 어려운 사람들을 돕고 싶습니다."

자신이 성공한다면 꼭 다른 사람에게 자신의 성공 DNA를 나눠주고 싶다는 그들. 자신만의 성공스토리로 끝내는 것이 아니라, 주변과 후세대에도 전수해주겠다는 것이 이들이 가진 기본적인 생각이었다. 그런 문화 속에서 이루어지는 하나의 성공은 또 다른 무수한 발전과 성공을 낳는다. 자신의 스토리를 즐겁고 자랑스럽게 소개하고 나누는 모습에서 주링허우 이후 세대의 단상까지 그려볼 수 있었다.

물론 명암은 존재한다. 현재 중국의 경제발전에 제동이 걸린 것도 사실이다. 세계 어느 나라보다 빠르게 저출산 고령화가 진행되고 있고, 환경오염, 더딘 사회문화 발전 속도도 큰 문제로 자리 잡고 있다. 중국의 많은 모습 중 긍정적인 일부분만을 크게 해석해 칭송하려는 생각은 없다. 다만 차세대로 일컬어지는 주링허우 세대가 갖고 있는 파워가 어떤 것인지 궁금했고, 그것이 앞으로 중국사회를 어떻게 이끌어갈지 그려본 정도로 생각해주길 바란다.

1.3 : 2.8 : 2.8

이 숫자는 한국, 중국, 미국의 창업 실패 횟수를 나타내는 지표다. 방송에서도 언급했지만, 세계 경제를 이끄는 G2의 평균 창업 실패 횟수는 3회에 달한다. 실패하고 또 실패해도 한 번 더 실패할 기회가 있다. 한국은 어떤가? 단 한 번의 실패로 끝난다. 단 한 번의 기회만이 청년에게 주어질 뿐이다. 의욕을 잃은 '사토리 세대'가 문화의 하나로 자리 잡은 일본은 어떨까? 일본의 평균 창업 실패 횟수는 1회다. 우리와 같이 단 한 번의 기회만이 주어질 뿐이다.

한국이 나아갈 길은 어디겠는가. 우리는 중국처럼 경제성장의 규모 자체가 청년들에게 힘을 주지는 못한다. 한국 경제의 상황은 우리 청년들에게 힘은커녕 오히려 좌절을 안겨주기 때문이다. 따라서 이제 사회가 의식적으로라도 청년에게 힘을 실어줄 때다. 명목적인 제도가 아니라 실질적으로 도움이 되는 제도를 통해, 한국 청년들도 실패하고 실패하고 또 실패해 마침내 성공할 수 있게 도와야 한다. 한국의 다음 세대에게 지금 세대가 할 수 있는 일은 그뿐이다.

4부

교육
Education

明見萬里

9장

왜 우리는 온순한 양이 되어갈까

—

대학은 어떤 수업개혁을 준비해야 하는가

明見萬里

자신의 생각이 교수와 다를 경우

90퍼센트의 대학생이 본인의 생각을 포기한다고 말한다.

오랫동안 인류 지성의 원천이었던 대학이 위기에 처했다.

길어진 인생에서 끊임없이 새로 배워야 하는 시대,

우리가 진정으로 길러야 하는 능력은 무엇인가.

왜 우리는
온순한 양이 되어갈까

대학은 어떤 수업개혁을 준비해야 하는가

토씨 하나까지 그대로 받아 적어야
최우등생이 된다?

—

"수업시간에 교수님 말씀을 문장 그대로 똑같이 적어요. 토씨 하나까지도 안 놓치려고 해요. 요약하거나 키워드만 적어서는 부족해요. 농담까지 다 받아적습니다."

"필기만으로는 안심이 안 돼 수업시간에 아예 녹음기를 켜놔요. 교수님이 말씀하신 문맥까지 그대로 외우려고요."

"아예 노트북으로 속기해요. 저만 그런 게 아니에요. 교수님이 말씀을 시작하시는 것과 동시에 자판 소리가 일제히 타다다닥, 말씀 끝나면 탁 소리가 멈추죠."

마치 약속이나 한 것처럼 공부법이 비슷한 이들은 과연 누구일까. '교수의 말'을 그대로 받아 적는, 이른바 전사(轉寫)를 하고 있는 이 학생들은 놀랍게도 서울대에서 A⁺를 받는 최우등생들이다. 대한민국 최고의 대학으로 손꼽히는 서울대학교에서도 가장 공부를 잘하는 학생들이 중학교, 고등학교 때와 전혀 다르지 않은 방식으로 교수가 전달하는 지식을 무비판적으로 받아들이는 공부를 하고 있었다.

《서울대에서는 누가 A⁺를 받는가》에서 한국 대학 교육의 현실을 고발한 이혜정 교육과혁신연구소 소장은 서울대학교 교수학습개발센터에서 연구교수로 재직하던 2009년, 상위 2.5퍼센트 안에 드는 최우등생들을 인터뷰했다. 당시 두 학기 넘게 4.0 이상의 학점을 받은 학생은 모두 150명이었는데, 그 가운데 46명이 인터뷰에 응했다. 짧게는 몇 시간, 길게는 며칠 동안 학생들을 만나 수업 태도, 과제 수행, 학점 관리 등 학습 전략에 대해 심층 인터뷰를 진행했다. 인터뷰에만 4개월이 넘게 걸렸고, 이를 다시 분석하는 데 1년이 더 걸렸다. 결과는 충격적이었다. 좋은 학점을 받는 비결은 한결같이 교수의 말을 전부 받아 적는 것. 무려 87퍼센트의 학생이 이와 같이 답했다.

더 놀라운 것은 또 있었다. 만일 본인의 생각이 교수와 다를 경우 자신의 생각대로 시험 답안을 써내겠느냐는 질문에 학생들은 뭐라고 답했을까? 46명 가운데 무려 41명, 즉 90퍼센트가 자신의 생각을 포기한다고 말했다. 교수보다 자신의 생각이 더 낫거나 옳다고 생각하는 경우에도 마찬가지였다. 자신만의 생각이란 학점을 잘 받기 위해 버려야 하는 것이었다.

열심히 공부하면 할수록
생각하는 능력을 잃는다?

이혜정 소장의 연구는 애초에 최우등생들의 공부 비법을 분석해 공부에 어려움을 겪는 학생들에게 알려주려는 목적에서 시작되었다. 그러나 조사를 진행할수록 이 소장은 학생들에게 최우등생들의 공부법을 배포할 마음을 접을 수밖에 없었다. 결코 권장할 수 없는 비법이었기 때문이다.

이 소장은 이러한 조사 결과가 최우등생들만의 특징인지 아니면 서울대 전체 학생들의 특징인지 알아내고자 조사 범위를 확대했다. 1111명에게 다시 공부법을 묻는 설문조사를 했다. 그리고 유의미한 결론을 도출해냈다. 학생들의 노트 필기 습관과 학점은 정비례하고 있었다. 학점이 높은 학생일수록 수업시간에 교수의 설명을 모두 필기한다는 비율이 높았다.

이 연구에서 중점을 두었던 세 가지 학습 자질은 수용적, 비판적, 창의적 사고력이다. 수용적 사고력은 자신이 배운 내용을 받아들이고 이해하고 암기하는 데 중점을 두는 능력이다. 이 능력이 높을수록 시험

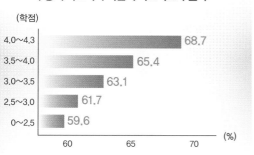

수용적 사고력이 비판적 사고력보다 높다

(학점)

학점	%
4.0~4.3	68.7
3.5~4.0	65.4
3.0~3.5	63.1
2.5~3.0	61.7
0~2.5	59.6

(%)

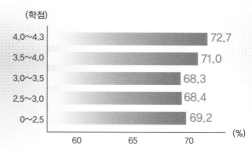

수용적 사고력이 창의적 사고력보다 높다

(학점)

학점	%
4.0~4.3	72.7
3.5~4.0	71.0
3.0~3.5	68.3
2.5~3.0	68.4
0~2.5	69.2

(%)

이혜정 소장은 자신이 만난 서울대 최우등생들이 아주 완벽한 수용적 학습자였다고 말한다. 좋은 학점을 받기 위해 열심히 공부하면 할수록 비판적이고 창의적인 사고력은 사라지는 이상한 모순이 발생하고 있었다. (출처: 이혜정, 《서울대에서는 누가 A+를 받는가》, 2014)

에서 정확하게 기억해내는 능력도 높을 것이다. 비판적 사고력은 주어진 내용을 여러 방향에서 다시 생각해보면서 배운 내용을 자신만의 관점으로 해석하는 능력이다. 그리고 창의적 사고력은 주어진 내용을 다르게 생각해보는 것을 넘어서 새로운 생각을 해내는 능력이다.

분석 결과, 학점이 높을수록 수용적 사고력이 높았다. 다른 말로 하면 결국 학점이 높은 학생일수록 비판적 사고력과 창의적 사고력이 수용적 사고력에 비해 낮았다는 것을 의미한다.

물론 수용적 사고력도 필요하다. 수용적 사고가 결국 비판적이고 창의적인 사고로 이어지는 자원이 되기 때문이다. 그러나 오로지 수용적 사고력만 높이 평가하는 학습환경에 놓이면, 배우면 배울수록 스스로 생각하는 능력을 잃어가는 모순이 생겨난다. 즉, 지금보다 더 나아지기 위해 공부하는데 오히려 점점 더 퇴보하는 결과를 가져오는 것이다.

서울대 최우등생들이 바로 그런 환경에 놓여 있다. 왜 그토록 똑똑한 인재들이 스스로도 미련하다고 여길 정도로 교수가 강의하는 내용을 모두 받아 적을까. 그 이유는 단 하나였다. 교수의 말을 다 받아 적고 교수의 생각에 나의 생각을 일치시킬수록 높은 학점을 받아 취업에 성공한다고 믿기 때문이다. 46명의 최우등생 가운데 80퍼센트인 37명은 전혀 예습을 하지 않는다고 했다. 더 정확히 말하면 예습할 필요성을 못 느꼈다. 높은 학점을 받는 데 예습은 소용이 없었고, 교수의 말을 잘 받아 적어 암기하는 복습만이 중요했기 때문이다.

연구를 시작하기 전 이 소장은 공부를 못하는 학생들은 최선을 다하지 않았을 것이라고 생각했지만 사실이 아니었다. 창의적, 비판적으로 공부한 학생들은 좋은 학점을 받지 못했다.

"고등학교 때와 달라야 한다고 생각했기 때문에 1학년 때는 수업시간에 키워드 중심으로 필기하면서 질문도 많이 했고 시험 때는 제 생각을 드러내려 했어요. 그리고 끔찍한 학점을 받았어요. 아, 이렇게 공부하면 안 되는구나…. 그 후로는 수업시간에 열심히 필기해요. 물론 학점은 좋아졌지요."

이 학생의 고백처럼 대학 초년생 시절 창의적, 비판적인 성향이 높은 학생들은 낮은 학점이라는 결과 앞에서 자책감을 느끼고 창의적, 비판적 사고를 포기하는 방향으로 자신의 공부법을 수정하는 경우가 많았다. 그렇다면 서울대와 같은 명문대 학생들만 그럴까?

우리나라 62개 대학에 다니는 4만 명의 대학생을 대상으로 한 한국교육개발원의 2014년 조사에 따르면, 대학 교육을 통해 전공 지식이 향상되었다는 학생은 꾸준히 늘어났다. 수용적 학습을 잘 해내고 있다는 이야기다. 하지만 비판적 사고력이 향상되었다는 학생은 절반에도 미치지 못했다. 그나마도 그 비율이 점점 줄어들고 있다.

똑똑하지만 온순한 양이 될 것인가
급변하는 세상에 필요한 인재가 될 것인가

———

이와 관련해 의미심장한 연구 결과가 하나 있다. MIT 미디어랩에서 학생의 일상생활과 패턴에 따른 교감신경계 변화를 측정했다. 이 연구의 원래 목적은 몸에 착용하는 작은 센서로 일상의 교감신경계 변화를 정확히 측정할 수 있음을 보여주려는 것이었다. 실험은 이렇다. 피험자의 손과 팔에 기기를 부착하고 일주일 동안 일상생활 패턴에 따라 교감신경계의 전자파동이 어떻게 변화하는지 관찰한다. 그런데 실험하는 과정에서 우연히 피험자인 대학생의 교감신경이 수업시간 중에 어떻게 반응하는지를 알 수 있었다.

교감신경계는 무언가에 집중하거나 흥분되고 긴장되는 상황에 처했을 때 활발하게 활동한다. 반면 아무 생각 없이 멍하게 있을 때는 거의

◆ 학생의 일과 패턴에 따른 교감신경계 변화

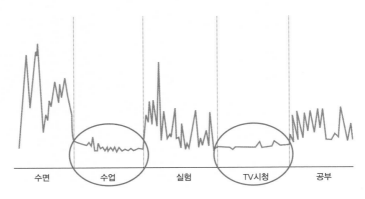

| 수면 | 수업 | 실험 | TV시청 | 공부 |

일방적으로 듣고 적기만 하는 형태의 수동적 수업을 들을 때 학생의 교감신경이 TV를 시청할 때와 거의 같은 긴장도를 보였다. 일방적이고 수동적인 강의식 수업은 아무런 자극을 주지 못한다는 사실을 보여준다. (출처: MIT 미디어랩)

활동하지 않는다. 피험자가 직접 실험을 하거나 책을 읽거나, 숙제를 할 때는 교감신경계가 활발하게 활동했다. 심지어 잠을 잘 때도 특히 초반부에는 교감신경계가 활성화되었다.

반면 텔레비전을 볼 때와 수업을 들을 때는 교감신경계가 거의 활동하지 않았다. 여기서 말하는 수업은 일방적으로 듣고 적기만 하는 식의 수동적 강의다. 즉, 일방적이고 수동적인 강의식 수업에서 학생은 어떠한 자극도 각성도 없이 멍하게 있는 상태였다. 수업을 들을 때의 긴장상태가 텔레비전을 시청할 때만큼이나 별다른 자극을 주지 못하는 것이다. 그러나 아직까지도 우리나라 대학 교실에서 이루어지는 수업 대부분은 이러한 수동적 강의식 수업이다.

한국은 물론 영미권의 많은 대학에서 강의해본 최재천 이화여대 석좌교수는 한국 대학생의 공부 방식에 대해 이렇게 말한다.

"제가 요즘 대학생에게 붙여준 별명이 해바라기입니다. 수업 시간에 제가 왔다 갔다 하면 모든 시선이 저만 따라와요. 제가 말 잘 듣는 학생이 제일 싫다, 교수에게 좀 덤벼라, 이런 이야기를 정말 많이 하거든요. 그런데 아무리 얘기해도 이런 모습이 잘 고쳐지지 않더라고요."

불과 몇십 년 전만 해도 대학은 쉽게 갈 수 있는 곳이 아니었다. 인류의 위대한 발명품 중의 하나가 교육제도라면, 대학은 그 교육제도의 정점이자 상징이다. 인류 역사에서 대학은 지식을 쌓고, 생각을 교류하며, 시대의 담론을 펼쳐낸 지성의 장이었다. 한 사회를 발전시키고 미래를 변화시키는 위대한 생각과 가치들이 바로 대학으로부터 나왔다.

한국을 비롯해 서구의 대학교육 제도를 받아들인 곳들에서도 다르지 않았다. 대학은 사회를 한 단계 성장시키는 중요한 역할을 해왔다. 시대 변화를 올바르게 읽어내는 비판의 장이자 시대가 묻는 엄중한 물음에 대해 치열하게 고민하는 지성의 공간이었다. 그 때문에 개인과 가족은 물론 전 사회가 대학 교육에 자원을 투여해왔다. 그것이 사회 전체를 위한 일이었기 때문이다.

그러나 지금의 대학에는 더 이상 큰 배움도, 새로운 도전도 없다. 시대정신을 반영하지 못하고, 비판적이고 창의적인 인재가 아닌 학점의 노예만 길러내고 있다. 이혜정 소장은 대다수 서울대생의 관심은 대기업에 취업할 것이냐, 고시를 볼 것이냐, 교수가 될 것이냐와 같은 고민과 선택에 묶여 있다고 말한다. 그들에게 세상이나 사회적 정의는 먼 이야기다.

그렇다면 이러한 대학의 위기는 대한민국만의 문제일까? 그렇지 않다. 현대 경영학의 창시자 피터 드러커는 2020년에 대학 캠퍼스가 사라질 것이라고 경고했고, 미래학자인 토마스 프레이는 전 세계 대학의 절반이 20년 내에 문을 닫을 것이라고 했다. 도대체 대학에서 무슨 일이 벌어지는 것일까.

우리나라 대학 교육의 중요한 모델이 되어왔던 미국의 상황을 살펴보자. 미국 대학도 취업 전쟁이라는 냉혹한 현실을 맞고 있다. 미국의 수많은 대학생들 역시 취업이 잘되는 학과, 돈 잘 버는 직업을 얻는 관문으로서 대학 생활을 정의한다. 또 대학 역시 경제, 경영, 컴퓨터공학, 생명과학처럼 취업에 유리한 학과에만 자원을 집중하고 있다.

이러한 현상이 예전에도 없었던 것은 아니다. 문제는 앞에서도 말했듯이 이런 환경이 사람이 교육을 통해 키워야 할 능력을 오히려 저해시킨다는 데 있다. 미국 대학 교수의 90퍼센트 이상이 비판적, 창의적 사고력을 대학 교육의 가장 중요한 목표로 꼽고 있지만, 현실은 전혀 다르다.

뉴욕대 교육사회학과의 리처드 아룸 교수의 연구는 대학 교육이 처참히 무너지고 있음을 명확하게 보여준다. 아룸 교수는 대학 교육이 학생들의 비판적 사고에 얼마나 영향을 미쳤는지 4년에 걸친 연구를 진행했는데, 결과는 충격적이었다. 연구에 참여했던 학생의 3분의 1 이상이 대학 4년 동안 비판적 사고력이 단 1점도 향상되지 않은 것이다.

아룸 교수는 '학생들의 등록금이 잘 쓰이고 있는가?', '학생들이 돈을 낸 만큼의 가치를 돌려받고 있는가?'라는 질문에 '아니오'라고 확언했다. 미국의 대학 등록금은 2005년에서 2014년 사이에 무려 40퍼센트나 상승했다.

미국 캘리포니아의 버클리 주립대학은 1960년대 자유언론운동이 일어났던 곳으로, 미국 내에서도 비판정신과 인문학적 전통이 살아있는 최고의 명문 주립대다. 하지만 이 대학도 비슷한 위기를 겪고 있다. 2015년 10월 이곳에서 대학 교육과 관련해 주목할 만한 세미나가 열렸다. 세미나에 참석한 학생들은 천정부지로 치솟는 대학 등록금에 비해 그만큼의 일자리도, 학문적 성취도 얻지 못하는 대학 교육에 강하게 문제를 제기했다. 한 버클리 대학생의 말이 인상적이다.

"영화 〈굿 윌 헌팅〉에 이런 말이 나와요. '네가 5만 달러를 내고 배운 것을 나는 공공 도서관에서 2달러의 연체료를 내고 배웠어.' 이젠 정보도 손쉽게 얻을 수 있고 그 학교 대학생이 아니어도 청강을 할 수 있지요. 우린 단지 버클리 대학과 자신의 이름이 적힌 졸업장을 받기 위해 등록금을 내는 거예요."

최근 미국에서 대학 문제에 커다란 화두를 던진 윌리엄 데레저위츠 교수는 이 세미나에서 대학이 창의적 인재를 육성하기보다는 실용적 고려라는 명분 아래 대학 본연의 목적을 상실했으며, 바코드를 찍어내는 것처럼 비슷한 스펙, 비슷한 욕망을 가지고 사회 시스템에 순응하는 그저 '똑똑하고, 온순한 양(Excellent sheep)'들을 길러내고 있다고 강하게 비판했다. 데레저위츠 교수는 그의 최근 저서 《공부의 배신》(원제 《Excellent sheep》)에서도 대학의 위기를 적나라하게 비판한 바 있다.

"교육의 목표는 당장 써먹을 수 있는 기술을 습득하는 것뿐이라고 말하는 사람은 당신을 직장에서는 쓸모 있는 인력으로, 시장에서는 잘 속아 넘어가는 소비자로, 국가에서는 순종적인 국민으로 전락시키려고 하는 것이다. 대학생들은 고등학생 때와 마찬가지로 교육의 의미, 삶의 목적과 같은 중요한 질문에 제대로 대답하지 못한다. 이 주제는 청년시절에 반드시 다루어야 하는 것이다. '삶이란 무엇인가?', '사회란 무엇인가?', '사람은 왜 사는가?'와 같은 질문이다."

생각의 힘을 키우는 교육,
수업개혁을 시작하라

———

데레저위츠 교수가 말하듯 지금의 대학은 학생들이 첫 직장을 준비하는 직업양성소가 되었다. 대학이 스스로를 이렇게 규정하는 것은 학생들이 스스로 생각하고 인생을 주도적으로 살아갈 수 있게 교육해야 하는 대학의 임무에도 어긋날뿐더러 시대착오적인 현상이라는 데 더 큰 문제가 있다.

급변하는 시대에 지금의 대학교육이 얼마나 뒤떨어지는지는 아래의 숫자들을 통해 생각해볼 수 있다.

3 - 5 - 19

이 숫자들이 무엇을 뜻할까? 앞으로 미래 세대가 살아가게 될 방식을 말해준다. 미래 세대는 일생 동안 3개 이상의 영역에서 5개 이상의 직업을 갖고 19개 이상의 서로 다른 직무를 경험하게 될 것이라는 예측이다. 미래학자들은 단 한 개의 직업으로 평생 살 수 있는 시대는 끝나간다고 말한다.

즉, 첫 번째로 가지게 될 직업이 인생에서 차지하게 될 중요도를 기계적으로 나누면 5분의 1에 불과할 수도 있다는 말이다. 그런데 지금 대부분의 대학생들은 첫 직장을 여는 열쇠 하나를 깎느라 4년이라는 시간과 엄청난 등록금을 온전히 다 쓰고 있다. 물론 전공 공부를 열심히 해서 좋은 학점을 받고 온갖 스펙을 잘 쌓은 학생은 첫 직장을 수월하게 얻을 가능성이 높을 것이다. 그러나 문제는 첫 번째 취업문을 성공적으로 뚫었더라도 10년 뒤에는 다른 일을 찾아야 한다는 사실이다. 같은 회사에 다닌다 해도 그 회사의 주력 산업이 완전히 바뀌어서 전혀 새로운 역할을 수행해야 할 가능성도 매우 높다. 그럴 때 자신에게 필요한 새로운 열쇠는 무엇일까. 적어도 이미 '옛것'이 되어버린 전공 지식은 아닐 것이며, 수용적 사고 100퍼센트의 능력은 아닐 것이라는 점도 분명하다.

그렇다면 대학 문을 나설 때 손에 쥐어야 하는 것은 방문 하나만 열수 있는 톱니 열쇠가 아니라 이 세상 모든 문을 열 수 있는 마스터키여야 한다. 그런데 대학은 오히려 과거보다 훨씬 더 퇴보하여 단순한 취업 공부로 학생들을 몰고 있다.

　세상을 살아가기 위한 기초체력이자 뼈대가 될 수 있는 마스터키를 학생들의 손에 쥐어주기 위해 대학은 어떤 교육을 해야 할까? 미국의 한 오래된 대학에서 이 고민에 대한 실마리를 찾을 수 있다. 미국 동부 메릴랜드 주 아나폴리스에는 1696년에 설립된, 미국에서 세 번째로 오래된 세인트존스 대학이 있다. 전교생이 400명 정도 되는 아주 작은 대학인 이곳에서는 어딜 가나 책을 읽고 토론하는 학생들이 눈에 띈다.

　이 대학에서는 4년 내내 100권의 고전을 읽는다. 철학부터 수학, 과학, 역사에 이르기까지 다양한 고전을 읽고 토론하는 것이 커리큘럼의 전부다. 학년이 올라갈수록 더 어렵고 접하기 힘든 고전을 읽을 뿐 4년 내내 똑같은 과정을 공부한다. 취업에 몰두하는 다른 대학과 달리 세인트존스는 학생들의 사고력을 키우는 것을 최우선 과제로 삼는다.

　수업은 모두 탁자에 둘러앉아 이루어진다. 모든 수업은 토론 수업이고, 토론을 주도하는 것은 물론 학생이다. 교수는 가르치는 대신 학생들이 스스로 생각하며 공부할 수 있도록 이끌어주는 역할만을 한다. 수업이 끝나고 늦은 저녁 시간이 되어도 학생들은 집으로 돌아가지 않고 못다 한 토론에 한창이다. 시간과 장소를 불문하고 끊임없이 질문

세인트존스 대학에서는 4년의 과정 동안 100권의 고전을 읽는다. 철학부터 수학, 과학, 역사에 이르기까지 다양한 고전을 읽고 토론하는 것이 커리큘럼의 전부다. 이곳의 모든 수업은 토론으로 이루어진다. 토론을 주도하는 것은 물론 학생이다.

하고 토론하는 것은 세인트존스에서 흔히 볼 수 있는 풍경이다.

대학 4년 동안 100권의 고전을 읽으며 학생들은 긴 안목을 가지고 자신이 원하는 삶의 방향을 그려나간다. 세인트존스 대학의 학생들에게 대학은 생각의 터전이다. 온종일 책을 읽고, 토론하고, 의견을 나누며, 그 속에서 자신의 생각을 키워 나간다. 진정으로 자신이 원하는 삶을 찾고 미래를 주체적으로 설계해 나가기 위해 대학 4년을 보내고 있는 것이다.

이들은 특별한 전공 없이 졸업하지만 법, 금융, 예술, 과학 등 다양한 분야로 진출하고 있다. 또한 자신들이 대학에서 어떤 자질을 키워야 하는지 분명하게 알고 있다. 좋은 대학, 좋은 직장이라는 이름에 가려지지 않은 자신의 진짜 모습을 발견하는 능력, 나에게 정말 좋은 것이 무엇인지 판단하는 능력, 세밀한 지식만이 아니라 전체 핵심을 파악하는 능력. 대학 4년 동안 인생의 마스터키를 얻었다고 확신하는 이 대학 학생들과 졸업생들의 말 속에는 자신감과 자기 확신이 담겨 있다.

어떤 교육 환경에서
창의적인 사람이 나오는가

—

이와 같은 문제의식을 가지고 수업개혁을 진행하는 곳이 또 있다. 하버드 대학 에릭 마주어 교수의 수업은 특별하다. 마주어 교수도 예전에는 250명의 학생을 앞에 앉혀놓고 일방적으로 지식을 전달하고 학생들이 그것을 암기해 시험을 치도록 하는 수동적 주입식 강의를 했다. 그는 늘 강의평가에서 높은 점수를 받았고, 하버드 내에서도 강의 잘하는 교수로 손꼽혔다. 하지만 정작 시험을 치러 보면 학생들이 수업 내용을 제대로 이해하고 있다는 느낌을 받기 어려웠다. 그는 고민 끝에, 교육이 단순한 지식 전달보다 훨씬 더 큰 목적을 가져야 한다는 결론을 내리고 교수법을 바꾸었다.

그는 단편적이고 일방적으로 지식을 전달하는 대신, 학생 스스로 생각하고 주도하는 강의 방식을 개발했다. 핵심은 질문과 토론이다. 그의 수업은 모두 팀 단위로 이뤄지는데, 문제를 풀 때도 학생 혼자 풀지 않고 끊임없이 질문하고 토론하며 함께 해결한다. 마주어 교수의 강의실에서는 단순하게 지식을 습득하는 것이 아니라 타인과 자유로이 소

264

통하고 교류하며 학생들 스스로가 자신의 생각을 키워 나간다.

마주어 교수는 앞서 MIT 미디어랩의 연구에 등장했던, 교감신경을 전혀 자극하지 못한 수업이 우연히 잘 가르치지 못한 지루한 수업이었기 때문이 아니라고 지적했다. 미국 아이오와 주립대의 심리학자 샤나 카펜터의 연구팀이 실험한 결과에 따르면, 매우 체계적인 내용으로 유창하게 진행하는 강의든, 그 반대로 체계적이지도 않고 버벅거리며 못하는 강의든, 그저 앉아서 듣기만 하는 수업은 실질적인 학습효과에 큰 차이가 없었다.

이는 매우 주목할 지점이다. 학생들의 강의 만족도는 유창한 강의가 어수룩한 강의보다 두 배 이상 높았지만, 실제로 강의 내용을 얼마나 기억하는지 테스트했더니 두 강의 사이에 차이가 없었다. 즉 교수의 일방향적인 강의를 들은 학생들의 배움은 수업의 질과 무관하게 전혀 나아지지 않는다는 것이다. 강의를 졸지 않고 재미있게 듣는다고 해서 정말로 깨어 있는 것은 아니라는 이야기다.

마주어 교수는 이제 학생들에게 현존하는 지식을 암기시키는 것이 아니라 오히려 새로운 지식을 생성할 수 있도록 창의력을 키워줘야 한다고 말한다. 어떻게 하면 창의적으로 가르칠 수 있을까? 가장 중요한 전략은 '허용'이다. 학생이 창의성을 발휘하도록 그저 '허용'하는 것. 교육자는 '나를 이겨봐라, 나를 이길 수 있으면 A⁺를 주겠다' 하는 열린 마음으로 학생을 대해야 하고, 우리는 그런 교육의 가치를 인정해야 한다. 그런 토양에서만 창의적인 사람, 창의적인 결과물이 나온다.

대학 진학률 80퍼센트의 대한민국
취업률은 OECD 꼴찌

—

우리나라 대학 교육의 현실은 어떤가? 학생들은 토론하는 대학을 원하지만, 대부분의 강의실에서 토론은 실종됐다. 대학 교육에 대한 만족도는 2011년 83퍼센트에서 2014년 65퍼센트로 뚝 떨어졌다.

기성세대들은 아주 쉽게 오늘날의 청년들을 비난한다. 이 비난은 청년 세대의 지적 능력에 대한 저평가로도 이어진다. 요즘 청년들은 자기만 알고 문제 해결 능력이 부족하다는 식이다. 그러나 그 책임은 기성세대가 만들고 기성세대가 유지하고 기성세대가 강요하는 교육 시스템에 있다. 사회에 나가면 혼자 일하는 게 아니라 다른 구성원들과 함께 어려운 문제를 해결해야 하지만, 대학에서마저 '나 홀로 최고'가 되는 공부만 시킨다.

무엇보다 평가자부터 바뀌어야 한다. 교수의 말을 앵무새처럼 잘 외운 학생만을 높이 평가한다면 당연히 창의적이고 비판적인 사고력이 부족하고 소통과 협업에 서툰 사람을 키울 수밖에 없다.

지금 대한민국에서 대학은 고등학교를 졸업하면 당연히 가야 하는 곳이다. '대학을 못 가면 사람 구실 못 한다', '그래도 대학은 나와야지'라는 말 아래, 전 세계 어디에서도 보기 힘든 경이적인 대학 진학률 수치가 만들어졌다.

우리나라 대학 진학률은 1990년대까지도 40퍼센트가 채 안 되었지만 2005년부터 급격하게 증가해 2006년 82퍼센트를 넘어섰고 2010년대에 들어서도 꾸준히 70퍼센트 이상을 유지하고 있다. 이는 OECD 주요 국가들과 비교해도 압도적인 1위이고, 미국, 일본, 유럽의 대학 진학률보다 두 배 이상 높다.

그 진학률의 상승폭만큼이나 등록금의 상승세도 가파르다. 1975년부터 2010년까지 35년 동안 대학 등록금은 사립대가 28배, 국립대가 30배 이상 올랐다. 같은 기간 쌀값이 6배, 하늘 높은 줄 모르고 뛰는 전세금도 11배가 올랐으니 대학 등록금 상승세가 얼마나 가파른지 알 수 있다. 학자금 대출 규모도 엄청나다. 정부학자금 전체 대출액은 2014년 말 10조 7000억 원으로, 학생 1인당 평균 대출액이 704만 원에 달한다.

그런데 이에 비해 우리나라 대졸자의 평균 취업률은 58.6퍼센트에 불과하다. OECD 국가들 가운데 단연 꼴찌다. 문제는 이 비율이 계속 줄어들고 있다는 것이다.

'인문계 출신 90퍼센트가 논다'는 뜻의 '인구론'이란 말도 있다. 인문학 전공자들은 기업에서 환영받지 못해 십중팔구는 경제학이나 경영학을 복수전공한다. 통폐합 이야기가 나올 때마다 존폐 위기에 시달리는 것도 인문계 학과들이다.

게다가 갈수록 취업의 문이 좁아지는데, 취직을 잘하겠다고 너도나도 대학에 가니 기업의 입사 경쟁률은 고공행진을 멈출 줄 모른다. 현대차 그룹의 경우 2015년 상반기 4000명을 채용하는 대졸 공채에 10

만 명 이상이 몰렸다. 이제는 '입사 고시'라는 말까지 생겨났다. 학점이 4.0이 넘어도 부족하고, 토익 960점이 넘어도 만점이 아니니 불안하다. 결국 더 높은 학점을 따기 위해서 자신의 생각을 포기한다.

그러나 폭발적인 기술 발달로 앞날이 예측 불가능해지면서 세상은 개인에게 점점 더 유연하고 창의적인 능력을 요구하고 있다. 미국 225개 기업을 대상으로 한 조사에서 구직자가 갖추어야 할 가장 중요한 조건으로 '소통 능력'과 '협업 능력'이 꼽혔다. 그러나 학점과 스펙만을 위한 달리기에서 오히려 이런 능력은 없어지게 된다.

이미 세계 각국의 교육은
달라지고 있다

—

빅데이터를 통해 지금 우리 대학의 현실을 보여주는 키워드를 도출해보면 아래와 같은 단어들이 나온다.

혼밥·인구론·후회·수강신청·학점·학벌·어학연수·복수전공· 취업사교육·토익·스펙·청년 실신·등골탑·이태백·돌취생·취업 깡패·전화기· 화석선배·5포세대·학위·취업·동아리 고시·학자금 대출·월급·자소설· 자원봉사·결혼·승진·출세·재산·고액연봉·평판·권력·명성·인턴· 대기업 공채·현차 수능일·삼성 고시

단연 취업과 관련된 내용들이 눈에 띈다. 그중에서 '혼밥'이라는 키워드가 특히 자주 등장한다. 대학생의 약 72퍼센트가 혼자 밥을 먹고 그것을 편하게 느끼는, 이른바 '혼밥족'이라고 한다. 극심한 청년 취업난과 경제불황이 대학생들의 밥 먹는 풍경까지 바꿔놓은 것이다. 대학에서 소통과 교류가 사라지는 현상을 확연히 보여주는 우울한 통계다.

게다가 대학 진학 자체를 후회하는 이들도 늘고 있다. 이런 현상을 두고 최재천 교수는 이렇게 말한다.

"대학생과 졸업생을 대상으로 '대학 진학을 후회하느냐'고 물었는데 무려 75퍼센트가 '후회한다'고 대답했습니다. 그 이유는 대부분 원하는 직업을 찾지 못해서, 취업이 잘 되지 않아서였습니다. 취업이 안 된다고 대학 교육 자체가 의미가 없다고 생각한다는 건, 우리가 짐작하는 것보다 훨씬 더 대학이 '취업 준비소'가 되었다는 것이지요."

지금 우리 사회에서는 다른 대학, 다른 전공을 가진 청년들이 언제부터인가 모두 똑같은 목표를 향해 달려가고 있다. 그 속에서 미래 세대는 더욱 외로워지고 있다. 물론 꿈과 낭만을 좇기에 지금의 대학이 처한 현실은 너무 각박하다. 하지만 수천만 원씩 쏟아붓는 대학 교육이 과연 그만한 가치가 있는가? 도대체 대학을 나오면 무엇이 더 나아지는 것일까?

우리 대학은 이런 질문에 대한 답을 찾아야 한다. 이 답을 먼저 준비하는 곳이 훨씬 더 나은 미래를 맞이하게 될 것이라는 점은 분명하다. 과거 우리가 교육의 양적인 측면에 수많은 자원을 쏟아부었다면 이제는 질적인 측면에 집중해야 한다. 취업을 위한 실용적인 공부가 아니라 세상과 사회, 인생을 깊이 있게 고민할 수 있는 교양교육과 기초학문에 다시 집중하고, 학생 중심의 교수법으로 생각의 힘을 키워야 한다. 이미 세계 각국의 교육의 압도적인 추세는 비판적, 창의적 사고력을 기르는 데 초점을 맞춰가고 있다. 그것을 위해 에너지를 집중할 때 희망이 있을 것이다.

대학은 사라질 것인가?

최진영 PD

아직 더위가 가시지 않던 9월, 한 면접 대기장. 아직은 앳된 모습의 대학생들이 순서를 기다리며 삼삼오오 모여 있다. 늦더위가 기승을 부렸지만 대학생들은 정장 재킷에 넥타이까지 잘 올려 맸다. 한눈에도 긴장한 표정. 면접에 들어갈 지원자끼리 조를 이뤄 '조 구호'를 만들라는 과제에 대기장 공기가 사뭇 진지해진다.

면접장 안의 공기는 절박하기까지 하다. "본인이 리더로서 가진 면모는?", "도서정가제에 관한 본인의 생각은?", "중국의 위안화 평가절하 찬반 입장은?" 모든 걸 간파하겠다는 말쑥한 정장 차림의 면접심사관 네 명과 무엇이든 방어하겠다는 네 명의 지원자가 치열하게 기 싸움을 벌인다. 이곳은 다름 아닌 한 경제단체 산하의 '경영 동아리 면접장'이다.

이 동아리의 회원이 되려면 최대 15대 1의 경쟁률을 뚫어야 한다. 우리나라에서 가장 큰 경영 동아리 중 하나인 이곳에서 활동하면 취업 때 하나의 스펙으로 쓸 수 있음은 물론 경제계 인사들과 인맥을 쌓아

취업에 유리한 위치를 선점할 수 있다는 입소문 때문이다. 자신이 경제, 경영 관련 학과이냐 아니냐는 고려사항이 아니다. 요즘은 어떤 학과라도, 취업하려면 경영 동아리 스펙 하나쯤은 필수라고 여긴다. 그래서 매년 학기 초만 되면 취업을 꿈꾸는 학생들이 각종 경제, 경영 동아리에 몰려든다.

기본 8대 스펙을 만들기 위해 대학생들은 시간과 돈을 아끼지 않는다. 학점을 기본으로 자격증, 외국어 점수, 공모전 수상, 인턴, 동아리 등 대학교 안팎의 기본 항목들을 충실히 채우고 나서야 조금 안도할 수 있다. 우리가 만난 한 대학생은 '스토리(이야깃거리)가 있는 스펙'을 만들기 위해 몇 가지 '스펙 리스트'를 만들어 여름방학과 아르바이트 임금을 모두 투자했다고 한다. 이제는 더 이상 대학 졸업장만으로는 취업할 수도, 잘 살아갈 수도 없는 세상이 됐기에 나타나는 서글픈 트렌드다.

이런 상황에서 과연 대학은 왜 존재해야 할까? 대학은 사회에서 어떤 기능을 하고 있기에, 우리는 이렇게 엄청난 비용을 치르면서까지 대학에 시간과 돈을 쏟고 있는 걸까. 학자금 대출액만 연간 무려 2조 원인 시대. 예전처럼 취업을 보장해주지도 않고, 그렇다고 대학 본연의 기능인 '지성과 지혜의 축적'도 제대로 이뤄지지 않는 상황에서 대학이 과연 필요한 것인지 의문이 든다. 바로 이 질문을 확인하고 그 답을 찾아보고자 했다.

시작은 먼저 한국 대학생의 현실을 자세히 들여다보는 일이었다. 명문 사립대에 임시 부스를 설치해 학생들의 속마음을 듣고, 서울대에서 A⁺만을 받는다는 학생들을 만나 심층 인터뷰를 진행했다.

K는 주변의 많은 학생들처럼 지역의 유수 특목고를 졸업했고 내로라하는 대학에 와서도 고학점을 유지하는, 누가 봐도 '모범생'이었다. 그에게 "고학점을 유지하는 비밀을 들려달라"고 질문했다. K는 교수님의 말을 한 글자도 놓치지 않고 모두 적는 '전사' 기술과, 책과 노트의 완벽한 암기를 고득점의 비결로 털어놓았다. 또한 어떻게 필기를 하고, 어떻게 중간, 기말고사에 대비하는 것이 좋은지도 자세히 알려주었다. 요약하자면 '비판적인 생각'은 버리고, 교수와 대학의 제도를 그대로 '수용'하는 자세였다.

K는 너무나도 명확하게 지금과 같은 공부 방법이 자신이 원하는 방향도 아니고 창의적인 사고에도 적합하지 않음을 잘 알고 있었다. 학자가 꿈이었던 K에게 고등학교 시절에 꿈꿨던 대학 공부는 창의적인 생각을 실현하는 장이었다. 하지만 현재의 K에게 대학은 다음 과정을 위해 '길들여져야만 하는' 하나의 관문이 됐다. 강의를 그대로 받아적어 암기하지 않고, 비판적 사고를 바탕으로 공부한 소수의 다른 친구들은 좋은 학점을 받지 못했다. 교수님에게, 대학에 길들여질 수밖에

없었다고 K는 털어놓았다. K는 자책했다.

　많은 학생들이 K와 같았다. 분명 지금의 대학이 자신에게 일자리도, 그렇다고 지식과 지혜도 제대로 주지 못하는 것을 알지만, 어쩔 수 없이 길들여져야 한다. 그나마 그렇게 4년이 넘는 시간을 버텨 졸업장 하나라도 갖추어야 한다는 사실을 어쩔 수 없이 인정하고 있었다.

　취재를 해나가면서 지금의 대학 문제, 교육 문제는 사실상 사회, 경제 문제라는 생각이 확고해졌다. 일자리가 부족해지면서 모두가 극한 경쟁에 뛰어들 수밖에 없고, 남보다 더 높은 학점과 스펙을 쌓기 위해 대학에서 '온순한 양으로 길들여지'게 된 것이다. 이는 UC버클리와 같은 미국 명문 대학들도 피해갈 수 없었다. 결국 천문학적인 돈과, 20대의 절반이라는 시간을 들여야 하는 대학. 상황이 이렇다 보니, 대학 밖에서 새로운 일거리를 찾는 것이 더 합리적인 선택이라는 목소리도 미국 내에서 나온다. 대학은 그야말로 자신의 존재 이유를 찾아야 할 때가 된 것이다.

　결국 제작진이 찾은 대학의 방향은 '지혜'였다. 방송에서는 '마스터키'로 표현했지만, 이는 사실상 '지혜'다. 학점 은행식, 취업학원이 아닌, '삶의 순간에 결정을 내릴 수 있는 지혜'. 일자리가 부족한 이 시대에 혼자만 살아남기 위해 극한의 경쟁 속에서 스펙 쌓기에 발버둥 치는 이기적인 개인이 아니라 '함께 잘 사는 방법을 같이 도모할 수 있는 지혜', 틀에 맞춰져 한정된 일자리를 다투는 게 아닌 '새로운 직업의 물꼬를 틀 수 있는 지혜'다. 미국 세인트존스 칼리지에서 본 '지혜를 다루는 기술'은 그런 점에서 우리에게 시사하는 바가 크다. 함께 읽고, 함께 생각하고, 함께 상상한다. 우리에게 적용하는 길이 쉽지 않겠지만, 진정 미래 세대가 더욱 잘살 수 있는 방법일 것이라고 믿는다.

明見萬里

10 장

지식의 폭발 이후,
어떤 교육이 필요한가

—

생각의 힘을 기르는 방법을 찾아서

明見萬里

전 세계가 부러워하는 교육 강국 핀란드.

이미 매우 훌륭하다 평가받는 핀란드가

파격적 변화를 시도하고 있다.

예습도 복습도 불가능한 수업,

여러 과목의 선생님들이 함께 가르치는 수업.

지식의 시대가 종말을 맞은 지금,

핀란드의 교육 개혁이 의미하는 바는 무엇일까.

지식의 폭발 이후,
어떤 교육이 필요한가

∨ 생각의 힘을 기르는 방법을 찾아서

얼마나 많이 아는가는 더 이상 중요하지 않다

───

미래학자 버크민스터 풀러는 인류가 가진 지식의 총량이 비약적으로 늘어나리라 예측한 바 있다. 그가 발표한 '지식 두 배 증가 곡선'에 따르면 현재 13개월마다 인류 지식의 총량이 두 배로 증가하며, 그 주기는 점점 짧아지고 있다. 전문가들은 앞으로 이 주기가 최대 12시간으로 단축될 것으로 예측한다. 이러한 지식의 폭발, 이른바 지식의 빅뱅은 우리가 지금까지 단 한 번도 경험하지 못한 사건이다.

이것이 브리태니커 백과사전이 2010년 인쇄본 발매를 중단한 이유다. 244년의 전통을 가진 세계적 권위의 백과사전이 종말을 고했다는 것은 곧 쓰여진 지식의 종말을 의미한다. 인류가 지금까지 그래왔던 것처럼 자신의 시대가 도달한 지식수준을 따라잡는 것은 이제 불가능한 일이 되고 말았다.

학교에서 배운 지식도 1～2년이 지나면 금방 옛 지식이 되고 만다. 한 번 배운 것으로 평생 먹고 사는 시대는 다시는 오지 않을 것이다. 매일매일 정보가 넘쳐나고, 새로운 지식의 창출 속도가 가속화되는 21세기는 더 이상 지식의 시대가 아니다. 한마디로 한 사람이 알고 있는 지식의 양은 중요하지 않고, 그 중요성은 점점 더 줄어들고 있다.

'얼마나 많이 아는가'보다는 오히려 세상의 변화를 읽어내고, 필요할 때 원하는 지식을 찾아내고, 활용할 수 있는 능력이 더없이 중요한 시대가 다가오고 있다. 이러한 능력을 기르는 키워드는 다름 아닌 '생각'이다. 지금 전 세계의 교육 현장은 생각의 힘을 길러주는 교육에 주목하고 있다.

실수해도 괜찮아!
풀이 과정에 점수 주는 프랑스 시험

프랑스는 세계에서 네 번째로 많은 노벨상 수상자를 배출한 나라다. 지금까지 총 62명의 노벨상 수상자가 나왔다. 또 '수학의 노벨상'이라고 불리는 필즈상에서도 단연 두각을 나타내고 있다. 물론 노벨상 자체가 학문의 수준을 그대로 반영하는 것은 아니다. 그렇다 해도 프랑스에 유독 뛰어난 수학자가 많은 이유는 무엇일까? 프랑스의 필즈상 수상자들은 생각을 길러주는 프랑스의 교육을 이유로 꼽는다.

그럼 도대체 어떻게 다른 걸까. 프랑스의 명문 사립인 윌스트 고등학교의 3학년(terminale, 중등교육 최종학년) 교실을 찾아가 학생들에게 우리나라 고등학교 1학년 수학 시험 문제를 풀어보게 했다. 32명의 학생이 우리나라와 똑같은 조건에서 문제를 풀었다. 문제의 양은 프랑스 시험보다 두 배나 많다. 그런데 주어진 시간은 평소의 절반이다. 그러다보니 프랑스 학생들 대부분이 문제를 잘 풀지 못했다. 67점 만점에 평균 점수는 약 15점밖에 되지 않았다. 32명 가운데 30명의 학생이 문제가 너무 어려웠다고 했다. 어려운 이유를 들어보면 단지 문제의 양과 시간 탓만이 아니다.

"한국식 시험은 방정식, 원, 삼각형, 기하학, 대수 등 방대한 주제에 대해 고민해야 하네요. 프랑스 시험은 하나의 주제에 관해 여러 문제가 나오기 때문에 거기에 집중해서 생각할 수 있어요."

"프랑스의 시험에서는 문제를 풀 때 참고사항이 많아요. 주가 되는 문제 하나에 대해 연속적인 질문들이 계속 나오는 식이거든요. 정답까지 인도받는 느낌이죠."

"한국식 시험은 선다형이라 정답을 모를 때 아무 답이나 찍을 수 있어요. 프랑스 시험은 모두 서술형이라 그럴 수 없어요."

시험 문제를 푸는 것만 본다면 딱히 수학을 잘한다고 할 수 없는 프랑스 학생들. 이들은 어떻게 수학을 공부할까? 수학 시간에 교사가 가장 공을 들이는 것은 기본 개념에 대한 설명이다. 프랑스 수학에서 복잡하고 어려운 문제를 잘 푸는 것은 그다지 중요하지 않다. 그리고 정답을 맞히는 것보다 정답을 찾아가는 과정이 더 중요하다. 학생들은 서술형 문제에 풀이 과정을 써야 하는데, 답이 틀려도 자기가 적은 만큼의 부분점수를 받는다.

한국의 수학 문제는 굉장히 길고 어렵고 여러 단계에 걸쳐서 풀어야 하는 경우가 많은데, 부분 점수가 아예 없는 경우가 많다. 아무리 이론을 잘 알고 있어도 풀이 과정에서 한순간 삐끗하면 그 문제는 모두 틀린 게 된다. 반면 프랑스 학생들은 틀리는 데 크게 개의치 않는다고 한다. 실수하거나 일부만 알아도 점수를 받을 수 있기 때문이다.

프랑스 학생들은 문제를 풀 때 유독 그림을 많이 그린다. 머릿속에 있는 수학 개념을 그림으로 그리면서 스스로 이해한 뒤 풀기 위해서다. 또한 이 학교에서 수학을 가르치는 교사들은 학생이 틀려도 야단치지 않는다. 실수는 정답을 향해 가는 자연스러운 과정이고, 학생에게는 늘 오류를 허용해야 한다는 생각을 가지고 있기 때문이다.

한국의 수학 교육과 비교해보자. 우리나라 중고등학교 내신 시험은 50분 동안 30문제를 푼다. 한 문제를 2분도 안 되는 짧은 시간에 풀어야 하다 보니 프랑스 학생들처럼 그림을 그리는 건 사치다.

그런데 프랑스 학생들보다 문제의 정답을 빠른 시간 안에 훨씬 잘 맞히는 우리나라 학생들과 관련해 이상한 통계가 하나 있다. 수학이 너무 어려워서 혹은 재미가 없어서 수학을 싫어하거나 포기하는 학생들을 이른바 '수포자'라고 하는데, 수포자의 비율이 학년이 올라갈수록 점점 더 늘어나는 것이다. 초등학생은 37퍼센트, 중학생은 46퍼센트, 고등학생은 무려 60퍼센트가 수포자다.

학생들의 관점에서 생각해보면 금방 이해가 간다. 일단 너무 어렵다. 이 어려운 수학 개념을 누가 왜 만들었는지, 어디에다 쓰는지도 모른 채 배워야 한다. 다른 과목에 비해서 훨씬 더 많은 노력을 해야 하는데 얻는 결과물은 너무 적다. 그러니 수학이 싫어지는 건 당연하다. 수학의 본질은 원리와 개념을 이해하고 추론하여 결론을 도출해내는 데 있을 터인데, 우리의 수학 교육은 그것과는 거리가 많이 멀다.

스스로 생각할 줄 아는 시민을 기르는 프랑스의 철학 교육

—

프랑스 학생들은 한국 고등학교의 시험 문제를 절반도 풀지 못했지만, 그들이 써낸 풀이 과정에는 문제에 접근하기 위해 어떤 생각을 했는지가 잘 드러나 있었다. 프랑스에서는 수학을 비롯한 모든 교육의 목적은 스스로 생각하는 힘을 길러주는 데 있다. 그리고 그러한 교육을 지탱하는 근원적인 바탕에는 철학이 있다.

프랑스에서는 고등학교 3학년이 되면 문과나 이과 진로에 상관없이 누구나 일주일에 네 시간씩 철학 수업을 듣는다. 철학 수업에서 학생들은 철학적 질문에 각자의 생각을 자유롭게 이야기한다. 프랑스가 철학 수업을 고수하는 이유는 사고력을 키우기 위해서다.

프랑스에서는 전 세계에서 유일하게 대입 시험으로 철학 시험을 본다. 200년 전통의 프랑스 대입 자격시험인 바칼로레아의 첫 관문이 바로 철학 시험이다. 네 시간 동안 세 개의 주어진 주제 가운데 하나를 선택해 논문 형태로 작성해야 한다. 예를 들면 이런 문제들이다. "자유로워진다는 것은 어떤 법도 따르지 않는 것인가?" "폭력은 어떤 상황에서도 정당화될 수 없는가?" "정치에 관심을 갖지 않고도 도덕적으로 행동할 수 있는가?"

바칼로레아 철학 시험이 치러진 다음 날에는 그 주제가 신문에 반드시 실린다. 시험문제 자체가 사회적 이슈가 되고 전 국민적 관심사가 되는 것이다. 프랑스에는 철학 토론 모임이 열리는 카페도 아주 많다. 고등학생부터 노인에 이르기까지 철학을 주제로 토론하는 것은 프랑스 사회에서 흔히 접할 수 있는 풍경이다.

전 세계적으로 널리 알려진 프랑스 바칼로레아 철학 시험의 특징은 이 문제들에 정답이 없다는 것이다. 모범답안이 없기에 스스로 생각하지 않으면 한 문장도 쓸 수 없다. 이 시험이 200년이 넘는 시간 동안 프랑스 시민들에게 생각하는 힘을 길러준 위대한 도구였다.

철학 시험뿐 아니라 바칼로레아의 모든 문항은 주관식이다. 20점 만

'생각의 힘'을 키우는 프랑스 철학 교육의 정점에 대입 철학 시험 바칼로레아가 있다. 시험이 치러진 다음 날에는 시험 문제가 반드시 신문에 나오고, 전 국민이 그 주제에 대해 즐겨 토론한다.

점에 10점을 넘으면 합격이고, 합격한 사람은 어느 지역, 어느 대학에나 지원할 자격을 얻는다. 무려 열흘에 걸쳐 치러지는 바칼로레아 시험에 매년 1조 원 넘는 예산이 들어간다. 하지만 프랑스 사람 열 명 가운데 일곱 명은 바칼로레아가 계속 유지되어야 한다고 생각한다. 많은 비용을 들여서라도 학생들을 스스로 생각할 줄 아는 올바른 시민으로 길러내자는 사회적 합의가 있는 것이다.

세계 최고의 교육 강국 핀란드는
왜 새로운 교육 혁신을 시작했는가

—

프랑스가 지적 전통을 기반으로 생각하는 힘을 키우는 교육 시스템을 가지고 있다면, 핀란드에서는 다른 방향의 교육 혁신이 이뤄지고 있다. 핀란드는 이미 전 세계가 인정하는 교육 강국이다. 그런 핀란드에서 하는 세계 최초의 시도, 무엇일까? 바로 융합교육이다. 서로 다른 과목의 교사들이 하나의 주제를 정하고 과목을 통합해 가르치는 융합교육은 지금 핀란드 교육의 화두다.

교사 재교육이 진행되는 핀란드 헬싱키의 한 대학 실험실을 찾아가 보자. 생물, 화학, 물리, 수학, 미술, 직물 등 여섯 과목의 교사들이 자연의 재료로 염료를 만드는 실험을 하고 있다. 이들은 '자연의 색'이라는 주제로 어떻게 학생들을 함께 가르칠 것인지, 어떤 방식으로 협력해서 최종적으로 결과물을 만들어 전시까지 할 것인지를 협의했다.

'기름으로 오염된 바다를 어떻게 정화할 것인가'와 같은 주제도 훌륭한 융합 수업의 콘텐츠가 된다. 교사들은 이 주제를 위해 생물, 역사, 수학 등을 융합한 커리큘럼을 마련했다. 융합 수업은 이론 공부에만 그치지 않고, 직접 바다를 만들어 보고, 기름을 제거하는 방법도 실험한다.

수업의 내용을 예로 들면 이렇다. 어떻게 물은 남겨놓고 기름만 제거할 것인지, 기름 유출량에 따라 필요한 오일펜스의 길이가 어느 정도여야 하는지, 과거에 발생한 기름 유출 사고들은 어땠는지 등. 하나의 주제를 풀어가는 과정에 여러 과목이 녹아 있다. 심지어 실제로 바다에 배를 타고 나가 노를 저어보는 체육 활동도 하고, 물고기로 요리하는 가사 활동까지 겸한다.

왼쪽은 핀란드 헬싱키 한 대학의 실험실. 화학, 물리, 수학, 직물 등 서로 다른 과목의 교사들이 모여 융합교육을 준비하고 있다. 오른쪽은 깔라흐띠 종합학교의 융합 수업. '기름 유출' 주제에 대해 생물, 역사, 수학 등을 융합한 커리큘럼으로 수업을 진행하고 있다.

이러한 융합교육을 통해 실용적이고 통합적인 사고력을 키울 수 있다. 학생들은 예습이라는 걸 하고 싶어도 할 수가 없다. 중요한 건 사전에 책에서 미리 얻은 지식이 아니라 주어진 문제를 집중해서 생각하고 즐겁게 몰두하는 사고력이다.

기존 교육 제도도 매우 훌륭하다고 평가받는 핀란드가 이러한 파격적인 변화를 시도하는 이유는 무엇일까? 학생들이 특정 과목에 얽매이지 않고 자유롭게 경계를 넘나들며 주어진 문제를 해결할 수 있도록 돕기 위해서다. 빠르게 변화하는 세상에서 생각의 힘을 키워주는 것이야말로 미래 사회를 살아가는 아이들을 위한 최선의 교육이라고 믿는다. 핀란드는 세계 최고의 교육 선진국이지만 지금에 안주하지 않고 부지런히 더 나은 교육을 찾는다.

학습시간은 우리나라 학생의 3분의 1이지만
세계에서 가장 공부 잘하는 핀란드 학생들

━━━━━

이쯤에서 핀란드와 우리의 교육 현실을 한번 비교해보자. 핀란드는 OECD 국가들 가운데 가계 소득 대비 사교육비 비중이 가장 적은 나라다. 우리나라의 30분의 1밖에 안 된다. 그렇다면 우리의 교육은 핀란드보다 효과가 더 있을까? 우리나라와 핀란드의 중학교 3학년의 일과를 비교해보자.

대한민국의 중학교 3학년 용웅이는 오후 네 시 학교 수업을 마치고 집에 와서 바로 일본어 수업을 받는다. 일본어 수업 후 공부를 하다가 일곱 시가 되면 보습학원에 간다. 부족한 공부를 보충하기 위해서다. 학원 수업은 밤 열 시까지 이어진다. 밤 열 시 반, 학원에서 돌아와 그제야 늦은 저녁 식사를 한다. 그런 뒤에도 쉴 틈 없이 숙제하느라 밤 열두 시까지 책과 씨름하다 잠이 든다.

핀란드의 중학교 3학년(기초학교 9학년) 로우페 역시 오후 네 시 학교 수업을 마치고 집에 도착해 가장 먼저 책상에 앉는다. 학교 숙제를 하기 위해서다. 로우페의 공부 시간은 하루 두 시간을 넘기지 않는다. 숙제를 다 한 로우페는 강아지와 동네 산책을 하고, 저녁 시간에는 소형 오토바이 면허 시험을 준비하기 위해 집 근처 학원을 찾는다. 학원에서 교통법규 수업을 듣는 것이 그의 마지막 일과다.

용웅이와 로우페의 일과표를 비교해 보니, 학교 수업을 제외한 용웅이의 학습시간은 일주일에 총 50시간, 로우페는 17.5시간이었다. 한국의 용웅이는 핀란드의 로우페보다 무려 세 배나 많은 시간을 공부하면서도 이렇게 쫓기듯 말한다. "강남에 사는 학생은 아마 저보다 더 열심히 공부하고 있을 거예요. 안 하면 바로 뒤처져요. 미리 고등학교 과정을 예습, 복습해야 해요."

OECD에서 실시하는 국제학습프로그램 PISA의 평가 결과를 보면, 점수의 총점은 근소한 차이로 핀란드가 1위, 우리나라가 2위다. 그런데 한 시간 동안 공부해서 몇 점이나 점수를 올리는지를 분석한 학습효율화지수에서 핀란드는 여전히 1위였지만 우리나라는 24위로 뚝 떨어졌다. OECD 평균에도 한참 못 미친다.

우리나라 학생들의 학습시간은 핀란드뿐 아니라 다른 모든 나라를 훨씬 뛰어넘는다. 공부하는 시간을 늘리면 학업 성취도가 높아지는 것은 당연하지만, 여기에는 한계가 있다. 어느 정도 수준에 오르면, 그다음부터는 시간을 투자하든 돈을 투자하든 효과에 영향을 미치지 않는 순간이 오는 것이다.

학습효율화지수에 따르면, 핀란드 학생들은 효율성이 담보되는 시간까지 공부하지만, 우리나라 학생들은 그 수준을 훨씬 넘어섰는데도 끊임없이 시간과 돈, 노력을 투입한다. 어느 시점 이후에는 아무런 효과를 얻지 못하는데도 말이다. 학습효율화 지수가 낮은 건 우리가 아주 비효율적인 공부를 하고 있다는 증거다.

우리나라 학생이 공부에만 치여 살고 있을 때 핀란드 학생은 공부뿐

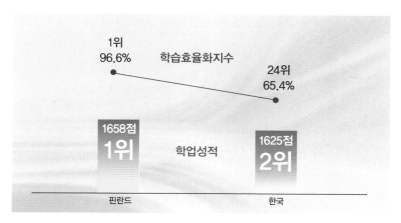

OECD에서 실시하는 국제학생프로그램 PISA 평가 결과, 학업성적은 근소한 차이로 우리나라가 2위를 차지했다. 그러나 학습효율화지수에서는 핀란드가 여전히 1위를 기록한 반면 우리나라는 2위에서 24위로 뚝 떨어졌다. 우리가 아주 비효율적인 공부를 하고 있다는 방증이다. (출처: PISA)

아니라 다양한 취미 활동에 많은 시간을 보낸다. 이러한 차이가 만들어내는 결과는 우리에게 좌절감을 안겨주기에 충분하다. 우리는 왜 이런 비효율적인 레이스를 포기하지 못하는 것일까? 단 한 번의 실수로 등수가 밀려나는 대한민국 교육 현실에서는 '실수하면 죽는다'는 무서운 전제가 깔려 있다. 그렇다 보니 문제풀이를 무한 반복하고, 정답을 맞히는 기계처럼 공부한다. 일정 수준 이상의 시간과 돈, 노력을 투자해서 얻는 것은 안타깝게도 딱 한 가지, 바로 문제풀이 기술이다. 커지는 사교육 시장의 대안처럼 등장한 EBS의 교육 프로그램들도 대부분이 문제풀이 기술을 가르치는 데 초점이 맞춰져 있다.

시인도 틀리는 국어 문제를 풀고
네이티브도 못 맞히는 영어 문제를 푼다

—

도대체 한국 교육은 얼마나 문제풀이 기술에 집중하고 있는 것일까. 수학능력시험에서 만점을 받은 학생들이 어떻게 공부했는지를 들여다보면 알 수 있다. 참고로 60만 명가량의 수험생 가운에 한 해 만점자는 서른 명 이내라고 한다.

"한 문제집을 열 번 이상 풀기도 해요. 영어는 외울 만큼 여러 번 보고, 수학도 한 문제를 풀고 또 풀죠. 비슷한 유형의 문제들이 숫자나 표현만 바꿔 나오기 때문에 평가원 기출 중심으로 반복해서 풀었어요."

거의 모든 만점자들에게서 공통적으로 나오는 대답이다. 즉, 이들의 공부 비결은 한마디로 많은 문제를 푸는 것이다. 반복적인 문제풀이로 문제의 패턴을 익히다 보면 정답을 맞히는 요령도 생긴다고 했다. 1993년 처음 수학능력시험 제도가 생겼을 때의 취지가 무색하다.

우리나라는 교육열로 둘째가라면 서러운 나라다. 있는 사람은 있는 대로, 없는 사람은 없는 대로 가계를 지탱할 수 있는 한계치까지 교육비를 지출한다. 그렇다 보니 전 세계에서 가장 많은 교육비를 쓰고 있고, 특히 사교육비 비중은 다른 나라들을 압도한다. OECD 평균보다 두 배 이상 높다. 공식 통계에 따르면 우리나라 한 해 사교육비 규모는 18조 원에 달한다. 경기도 한 해 예산과 맞먹는 수치다.

심지어 2002년부터는 교육·보육비를 의미하는 엔젤계수가 식료품

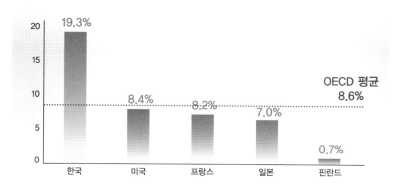

우리나라는 전 세계에서 가장 많은 교육비를 지출하는 나라다. 특히 사교육비 비중은 다른 나라를 압도한다. (출처: OECD)

비를 의미하는 엥겔계수를 아주 빠른 속도로 추월하기 시작했는데, 해가 지날수록 이 차이가 점점 더 벌어지고 있다. 이는 세계 어디에서도 찾아보기 힘든, 한국에서만 나타나는 현상이다.

현행 학교 교육이 학생들의 사고력을 키워주지 못한다면, 암기 학습은 효과적일까? 기본적으로 외워야 할 단어가 많아 암기 능력이 중요한 외국어 능력은 어떨까? 하지만 지금 한국에서는 이런 질문이 무색할 정도다. 우리나라의 외국어 교육이 가진 함정 때문이다.

2015학년도 수능 외국어 영역에서 오답률이 가장 높았던 세 개의 문제를 영어권 나라에서 온 외국인 대학생 열두 명에게 풀어보게 했다. 세 문제를 모두 맞힌 외국인은 단 한 명뿐이었다. 반면에 세 문제를 모두 틀린 외국인은 다섯 명이나 되었다. 실험에 참가한 외국인들은 하나같이 문제 수준이 엄청나게 높다며 혀를 내둘렀다. 우리 학생들은 어떨까? 외국인이 쩔쩔매는 이 문제들의 정답을 열 명 가운데 약 여섯 명이 맞혔다. 그렇다면 우리나라 학생들이 영어를 모국어로 쓰는 외국인보다 영어 실력이 뛰어난 것일까? 아니면 무언가 특별한 비결이 있는 것일까?

사실 외국인들이 풀었던 세 문제는 모두 EBS 교재에 나왔던 지문 그대로 수능에 출제된 것들이다. 이렇게 같은 문제가 나온 것은 사교육 없이 EBS만 열심히 공부해도 수능을 잘 볼 수 있게 하겠다는 취지 때문이지만, 많은 전문가들은 이것이 EBS 교재 해석본을 달달 암기하게 만드는 부작용을 낳았다고 꼬집는다. 결국 영어를 잘하는 사람이 아니라 문제 유형을 잘 외운 사람이 경쟁에서 이기는 상황이다.

그렇다면 한국어 교육은 어떨까. 다음의 시를 한번 보자.

아마존 수족관집의 열대어들이

유리벽에 끼여 헤엄치는 여름밤

세검정 길

장어구이집 창문에서 연기가 나고

아스팔트에서 고무 탄내가 난다

열난 기계들이 길을 끓이면서

질주하는 여름밤

상품들은 덩굴져 자라나며 색색의 종이꽃을 피우고 있고

철근은 밀림, 간판은 열대지만

아마존 강은 여기서 아득히 멀어

열대어들은 수족관 속에서 목마르다

변기 같은 귓바퀴에 소음 부글거리는

여름밤

열대어들에게 시를 선물하니

노란 달이 아마존 강물 속에 향기롭게 출렁이고

아마존 강변에 후리지아 꽃들이 만발했다

최승호 시인의 〈아마존 수족관〉이라는 시다. 2004년 서울시교육청 주관 수능 모의고사 언어영역에 이 시를 두고 다음과 같은 문제가 출제되었다.

1. 위의 시에 대한 설명으로 적절하지 않은 것은?

① 우울한 분위기가 조성되어 있다.

② 대립적 가치를 통해 주제를 강화하고 있다.

③ 감각적인 이미지들을 활용하여 선명한 인상을 준다.

④ 부정적 현실에 대한 인식이 드러나 있다.

⑤ 배경묘사를 통해서 화자의 정서를 암시하고 있다.

2. 교내 축제에서 위의 시를 원작으로 한 무용을 공연하기 위해 토의한 내용이다. 적절하지 않은 것은?

① 여러 명의 무용수들이 좁은 공간에 모여서 무질서하게 춤을 추도록 합시다.

② 복잡하고 시끄러운 도시의 길거리가 느껴지도록 세트를 구성하고 시끄러운 음악을 사용합시다.

③ 물고기가 헤엄을 치다가 유리벽에 부딪치는 듯한 동작을 반복하면 원작의 내용이 잘 표현될 거예요.

④ 무대는 전체적으로 화려하게 하되, 더운 느낌을 주는 조명을 사용하면 원작의 분위기를 잘 살릴 수 있을 겁니다.

⑤ 처음에는 흰색 의상을 입은 무용수를 등장시키고, 마지막에는 검은색 의상을 입은 무용수를 등장시키면 주제가 부각될 거예요.

교육부가 제시한 정답은 1번 문제는 ②번, 2번 문제는 ⑤번이었다. 이 시를 쓴 최승호 시인에게도 이 문제들을 풀어보게 했다. 그런데 최승호 시인은 단 한 문제도 맞히지 못했다. 최승호 시인은 1번 문제에 ④번, 2번 문제에 ③번이라고 답했다.

시를 직접 쓴 시인이 자신의 시를 해석하는 문제를 틀리다니, 어떻게 이런 일이 있을 수 있을까? 최승호 시인은 이 황당한 결과에 대해, "내 시가 교과서나 수능 모의고사에 나오곤 한다. 그런데 나는 다 틀린다. 그래서 지금은 안 풀어본다"며 "모국어의 맛과 멋을 느껴야지, 시의 주제가 무엇이고 사조가 무엇인지 묻는 교육은 '가래침' 같은 것이다. 시 교육의 목표는 웃는 것 그리고 좋은 작품을 감상하는 안목을 키워 행복하게 살 수 있게 하는 것이 되어야 한다"고 말한다.

지식을 암기하는 사람이 아니라
창조하는 사람으로 어떻게 키울 것인가

매년 11월이면 수능이 치러진다. 열아홉 살에 치르는 이 한 번의 시험으로 인생의 많은 부분이 좌우된다. 그 한 번의 기회에 모든 것이 결정된다고 여기기에 우리는 경쟁하듯 천문학적인 비용과 시간, 노력을 투자한다. 하지만 모두가 목을 매는 이 시험이 과연 한 사람의 인생을 판가름할 만한 가치를 지니고 있을까. 중요한 건 이제 이런 시스템이 우리 사회의 미래를 보장해주지 않는다는 사실이다.

'정답 기계'만을 쏟아내는 우리의 교육은 지금 변화하지 않으면 살아남을 수 없는 중대한 위기 앞에 놓여 있다. '19세기의 교실에서 20세기의 교사들이 21세기 아이들을 가르치는' 이 모순에서 어떻게 벗어날 수 있을까?

우리가 삶을 살아가며 겪게 될 문제들은 모두 시험지 밖에 있다. 몇 개의 보기 중에서 정답을 고르는 객관식일 리도 없다. 이미 많은 지식을 스마트폰으로 30초 안에 다 검색할 수 있는 시대다. 단순히 많이 아는 것만으로는 살아갈 수 없다. 앞으로의 경쟁력은 누가 어떤 지식을 얼마나 많이 갖고 있느냐가 아니라, 지식을 활용해 새로운 것을 만들어낼 수 있느냐에 달렸다. 넘쳐나는 지식 속에서 이것이 진짜인지 아닌지 가려내는 판단력, 어느 것이 핵심인지를 파악해내는 통찰력, 흩어져 있는 지식들을 연결하는 통섭력, 예술적이고 아름다운 것들을 느끼는 감각 등이 더욱 중요해질 것이다.

　미래 교육은 그러한 능력, 바로 '생각의 힘'을 키우는 방향으로 나아가야 한다. 이제 그 변화의 길을 찾아 나가야 할 때다.

어떻게 생각의 힘을 키울 것인가?

배선정 PD

우리나라 학생들은 초등학교에 입학해 고등학교에 이르기까지 수능이라는 종착지를 향해 달린다. 고등학교까지 1인당 양육비가 2억 3000여만 원에 이르고, 아이들의 일과는 학교, 학원 수업 외에 다른 것이 거의 없으며 많은 시간을 공부에 투자하고 있다. 이렇게 많은 돈과 시간을 들여서 학생들이 얻는 것은 무엇일까.

12년 교육의 종착지인 수능은 학생들에게 단순 문제풀이 기술만을 요구하고 있었다. 짧은 시간 안에 많은 문제를 풀어야 하므로 자신의 생각을 지우고 정해진 답을 찾는 것이 유리할 수밖에 없었다. 취재과정에서 만난 2015학년도 수능만점자 학생 한 명도 "오로지 교육과정이나 교육과정평가원이 정해주는 길만 따라가야 하고, 그들이 요구하는 정답만 찾아가야 한다고 느꼈다"고 토로하기도 했다. 이런 상황에서 우리 아이들에게 정말로 필요한 교육은 무엇인지, 지금 그러한 교육을 받고 있는지 함께 생각해보는 장을 마련하고 싶었다.

교육은 얽혀 있는 이해관계자가 많은 영역이다. 또 입시제도와 연결되어 있어 한 부분만을 논하기에는 한계가 명확하다. 그래서 대안을 제시하기가 조심스러웠다. 교육 강국의 사례를 우리나라와 단순 비교함으로써 그들의 제도가 갖는 장점이 우리나라 교육의 문제 전체를 해결할 수 있다는 식으로 보여줄 수는 없었다. 그것은 또 다른 정답을 찾겠다는 환상이기 때문이다. 교육 문제도 하나의 답이 아니라 여러 답이 있을 수 있으며, 우리에게 맞는 방식을 찾아 나갈 수 있도록 여러 참조점을 제시하고 싶었다. 그런 면에서 핀란드와 프랑스의 사례는 서로 다른 부분에서 우리에게 생각할 거리를 던져준다.

프랑스와 핀란드, 두 나라의 교육은 전통 대 개혁이란 단어로 정리해볼 수 있다. 프랑스 대입시험인 바칼로레아는 그동안 수차례 우리나라 수능의 대안으로 언급되어왔다. 하지만 서술형이라는 형태 자체에만 초점을 맞춰왔던 것 같다. 우리가 바칼로레아라는 시험의 형태보다 더 주목해야 할 것은 그 안에 흐르는 프랑스 교육의 정신이다. 바로 '생각의 힘을 기르는 교육'이다. 그 정점에 바칼로레아 철학시험이 있다.

철학시험은 대입시험 공통과목으로 프랑스 특유의 것이다. 학생들은 '인간은 욕망의 지배를 받는가', '정치에 관심을 갖지 않고도 도덕적으로 행동할 수 있는가'와 같이 정답이 없는 문제들을 풀어야 한다. 정해진 답이 없기 때문에 학생들은 스스로의 생각을 여러 단계를 밟아 설득력 있게 펼쳐나가야 한다. 이런 과정은 철학뿐 아니라 수학을 포함한 다른 과목을 통해서도 훈련된다.

취재 과정에서 이를 확인하기 위해 한국과 프랑스 고등학교 한 반을 선택해 서로의 수학 시험 문제를 바꿔 풀어보게 했다. 한국의 아이들은 2시간 동안 서술형 6문제를 풀어야 했고, 프랑스 아이들은 50분에 객관식 25문제를 풀어야 했다. 두 나라의 아이들이 보여준 모습은 인상적이었다. 한국 아이들은 과정을 서술해야 하는 프랑스 수학시험을 낯설어했지만 아는 만큼 쓰면 부분 점수를 받을 수 있다는 사실을 알고는 용기 내 풀기 시작했다. 수학이 어렵다며 포기했던 아이들조차도 자신이 아는 선에서 생각하기 시작했고, 답을 서술해나갔다.

프랑스 아이들도 한국 시험이 낯설기는 마찬가지였다. 짧은 시간 안에 많은 문제를 풀어본 적이 없기 때문에 모르는 문제는 건너뛰거나, 점수가 높은 문제를 먼저 풀거나 하는 등의 전략이 부재했다. 대부분의 아이들이 첫 장 1번 문제부터 순서대로 풀어나갔고, 모든 문제를 풀어본 학생은 절반도 되지 못했다. 다만, 시간이 걸리더라도 한 문제를 풀기 위해 도형을 그리고 과정을 서술하면서 스스로 생각하는 모습을 보여줬다. 한국에서는 객관식 문제 하나를 틀리면 등급이 내려가기 때문에 실패에 대한 두려움이 크다. 따라서 모르는 문제는 시도 자체를 하지 못한다. 대신, 암기한 공식을 대입해 빨리빨리 풀 수 있는 문제를 선택한다. 하지만 프랑스 아이들은 시도하고 생각하는 것 자체에도 점수를 받아왔기 때문에 한국 아이들과 다른 모습을 보여주었다. 프랑스 아이들은 총점 67점에 평균 15점을 받았지만 크게 낙담하지 않았는데 이런 문화의 차이 때문이 아니었을까 한다.

프랑스 학생들은 이처럼 교육과정을 통해 스스로 시도하고 생각하는 훈련을 받아왔다. 그리고 200년이 넘는 시간을 이어온 바칼로레아를 통해 생각하는 힘을 펼쳐 보인다. 그야말로 전통과 역사성에서 기인한 교육의 힘이라 하겠다.

반면, 핀란드는 새로운 시대에 아이들에게 필요한 능력을 길러주기 위해 강력한 개혁을 하고 있었다. 핀란드는 국제학업성취도평가 결과에서 한국과 1, 2위를 다툴 정도로 학생들의 학업능력과 성취도가 우수해 교육 강국으로 손꼽힌다. 하지만 핀란드 사회는 이 결과에 만족하지 않았다. 성취도에 비해 학업에 대한 학생들의 동기와 흥미도가 떨어지는 이유에 대해서 많은 논의를 해왔고, 2012년 교과개혁을 시작했다. 그리고 그 결과물로 융합교육을 도입했다.

과목 간의 벽을 허무는 융합교육은 한 교과목에서 배운 내용이 다른 과목과 어떻게 연결되고 적용되는지 이해하는 것에 중점을 둔다. 핀란드 국가교육위원회에서는 이를 현상 기반 학습(Phenomenon-based learning)이라고 부른다. '바다에 유조선이 좌초돼 기름이 유출된 상황을 어떻게 해결할 것인가'와 같이 실생활과 관련된 주제를 놓고 생물, 수학,

역사 등 여러 과목을 연계해 교육한다. 최근 일어났던 가장 큰 기름유출 사고를 이야기하면서 역사를 공부하고, 유출량과 면적을 계산하며 수학을 배운다. 또 생태계에 미치는 영향을 논의하면서 생물을 접하고, 물 위의 기름때를 제거하는 실험을 하면서 화학을 공부한다. 이렇게 자신의 생활과 밀접한 주제를 통해 다양한 과목을 공부하다 보니 학생들은 더욱 흥미를 갖고 수업에 임하며, 모르는 것은 스스로 더 찾아본다. 학생들에게 스스로 학습해야 하는 이유를 찾아주었을 뿐인데 학습 태도와 흥미도가 크게 오른 것이다.

물론 모든 개혁에는 어려움이 따른다. 핀란드는 교과개혁을 2012년에 시작했는데, 국가 공통 교과과정을 2014년에야 완성했다. 2년 반이 걸렸다. 핀란드 교육위원회는 업무방식의 변화, 배움에 대한 새로운 인식변화, 효과적인 학습 방법 등과 관련된 연구 자료들을 수집했고, 교육개혁이 진행되는 동안 지방자치단체, 학교, 교사연수원의 관계자들, 연구원, 학부모 및 학생 등 다양한 이해관계자들과 심도 있게 논의했다. 개혁을 실시하기 전에 사람들의 동의를 이끌어내는 등 철저한 준비과정을 거쳤다. 시대 변화에 따른 개혁의 필요성에 모두가 공감했기에 가능한 일이었다. 핀란드 사회가 또 다른 미래 변화를 감지하고 필요성을 느낀다면, 또 다른 개혁 역시 가능할 것이라는 생각이 들었다.

전통과 개혁으로 대변되는 프랑스와 핀란드. 이 두 나라의 교육에도 공통점이 있다. 오랜 시간을 거친 사회적 합의가 밑바탕에 자리하고 있다는 것이다. 프랑스에서는 바칼로레아를 치르기 위해 한 해 1조 원이 넘을 정도로 많은 돈을 투입한다. 하지만 국민의 79퍼센트는 바칼로레아를 없애서는 안 된다고 말한다. 이렇듯 생각의 힘을 기르는 교육에 대한 사회적 합의가 있었기에 200년이 넘는 시간 동안 바칼로레아를 유지해올 수 있었다.

핀란드도 마찬가지다. 1960년대 교육개혁에 대한 요구로 큰 틀을 마련한 핀란드는 40여 년 동안 사회적 합의를 통해 그 틀을 수정·보완해왔다. 그 결과 세계 최정상의 교육시스템을 갖출 수 있었다. 2016년부터 전국에 의무화되는 융합교육도 이 큰 틀 안에서 새 시대에 필요한 교육이 무엇인지 합의한 결과물이다.

단순히 지식을 습득하던 시대는 끝났다. 지식의 양보다는 창의적인 능력과 생각의 발전이 더욱 중요해지는 시대가 이미 우리 눈앞에 와 있다. 교육은 해당 국가의 국민이 할 수 있는 최고 수준의 사회적 합의다. 당연히 오랜 시간이 걸린다. 하지만 지금부터라도 새 시대에 맞는 새로운 교육 프레임이 무엇인지 함께 고민하고 결과물을 만들어가야 한다. 그것이 후세대를 위한 어른의 당연한 책무다.

| 사진 출처 |

4 Bedrin/Shutterstock.com · 20 Moving Moment/Shutterstock.com · 26 좌우 KBS · 33 KBS · 39 좌우 KBS · 45 EggHeadPhoto/Shutterstock.com · 48 좌우 KBS · 50 좌우 KBS · 52 www.transparency.org · 77 Julien Tromeur/Shutterstock.com · 79 좌우 연합뉴스 · 85 좌 연합뉴스 · 85 우 www.ibmchefwatson.com · 109 ilterriorm/Shutterstock.com · 113 좌 Erik Pitti · 113 우 연합뉴스 · 117 좌우 연합뉴스 · 121 좌 IMTS · 121 우 Andrew P Collins/truckyeah · 133 Incomible/Shutterstock.com · 137 좌 Komatsu · 137 우 Wayne Grayson · 141 좌우 연합뉴스 · 147 좌우 KBS · 152 좌우 KBS · 168 Niyazz/Shutterstock.com · 179 좌우 KBS · 180 좌우 KBS · 184 좌우 KBS · 194 YOSHI.T/Shutterstock.com · 198 좌 연합뉴스 · 198 우 eastday.com · 223 Jean Khoo/Vulcan Post · 231 좌우 KBS · 235 좌우 KBS · 249 Gunnar Pippel/Shutterstock.com · 263 좌우 KBS · 278 ibreakstock/Shutterstock.com · 286 좌 www.lexpress.fr · 286 우 www.preparationbac.com · 288 좌우 KBS

*크레딧 표시가 되지 않은 건 대부분 셔터스톡 제공 사진입니다.

| 더 볼거리 |

윤리 | **1장 · 착한소비, 내 지갑 속의 투표용지**
《공정무역, 세상을 바꾸는 아름다운 거래》, 박창순 · 육정희 공저, 2015.
《이타적 인간의 출현》, 최정규 저, 2009.
《착한 소비자의 탄생》, 제임스 챔피 저, 박슬라 역, 2009.
《탐스 스토리》, 블레이크 마이코스키 저, 노진선 역, 2012.

2장 · 깨끗해야 강해질까, 강해야 깨끗해질까
《416세월호 민변의 기록》, 민주사회를 위한 변호사모임 저, 2014.
《부패전쟁》, 부경복 저, 2011.
《세월호, 그날의 기록》, 진실의 힘 세월호 기록팀 저, 2016.
《시진핑, 부패와의 전쟁》, 청지룽 저, 유상철 역, 2016.
《이제는 누군가 해야 할 이야기》, 김영란 · 김두식 공저, 2013.
《부국의 조건》, KBS 부국의 조건 제작팀 저, 2016.

기술 | **3장 · 인공지능과 함께할 미래**
《김대식의 인간 vs 기계》, 김대식 저, 2016.
《인간은 필요없다》, 제리 카플란 저, 신동숙 역, 2016.
〈KBS 장영실쇼〉, '인공지능, 인류의 미래를 바꿀 것인가?', 2016.3.13 방송

4장 · 누구나 천재가 될 수 있는 시대
《일론 머스크, 미래의 설계자》, 애슐리 반스 저, 안기순 역, 2015.
《플랫폼의 눈으로 세상을 보라》 김기찬 · 송창석 · 임일 공저, 2015.
《플랫폼이란 무엇인가》, 노규성 저, 2014.
'르포: 3D프린터로 전기차 만드는 로컬모터스', 〈매경이코노미〉, 제1826호.
'지나간 10년, 다가올 10년–집단 지성시대가 왔다', 〈서울신문〉, 2011.1.1

5장 · 4차 산업혁명, 도대체 어떻게 준비해야 하나

《클라우스 슈밥의 제4차 산업혁명》, 클라우스 슈밥 저, 송경진 역, 2016.

〈KBS 스페셜〉, '100년 일등기업 GE의 혁신', 2016.7.7 방송.

〈KBS 다큐1〉, '카운트다운! 4차 산업혁명', 2016.1 방송.

중국

6장 · 방 안에 들어온 코끼리를 어떻게 할까

《슈퍼차이나》, KBS 〈슈퍼차이나〉 제작팀 저, 2015.

《트렌드 차이나》, 김난도 · 전미영 · 김서영 공저, 2013.

7장 · 대륙의 딜레마, 중국 경제 위기론

〈KBS 다큐1〉, '대륙의 딜레마, 중국 경제 전환과 위기', 2015.9.18 방송.

'가시지 않는 공포의 여운, 중국 증시 대폭락 1년', 〈뉴스핌〉, 2016.6.6.

'중국 경제의 경착륙 가능성과 영향', 이철용, 〈LG Business Insight〉, 2015.10.28.

8장 · 무엇도 두렵지 않은 2억 명의 젊은이들

《슈퍼차이나》, KBS 〈슈퍼차이나〉 제작팀 저, 2015.

《트렌드 차이나》, 김난도 · 전미영 · 김서영 공저, 2013.

《CHINA 3.0》, 유럽외교관계협의회 편, 중앙일보중국연구소 편역, 2013.

〈KBS 명견만리〉, '싸이월드, 한중일 청년에너지', 2016.3.18 방송.

교육

9장 · 왜 우리는 온순한 양이 되어갈까

《공부의 배신》, 윌리엄 데레저위츠 저, 김선희 역, 2015.

《도쿄대생은 바보가 되었는가》, 다치바나 다카시 저, 2002.

《서울대에서는 누가 A⁺를 받는가》, 이혜정 저, 2014.

《세인트존스의 고전 100권 공부법》, 조한별 저, 2016.

EBS 다큐프라임, 〈공부의 배신〉, 2016.5 방송.

10장 · 지식의 폭발 이후, 어떤 교육이 필요한가

《핀란드의 끝없는 도전》, 파시 살베르그 저, 이은진 역, 2016.

| 〈명견만리〉를 만든 사람들 |

팀장 프로듀서 정현모

1장 • 착한소비, 내 지갑 속의 투표용지
　　　연출 김문식
　　　작가 정윤미, 송준화

2장 • 깨끗해야 강해질까, 강해야 깨끗해질까
　　　연출 강윤기
　　　작가 김남희, 정은총

3장 • 인공지능과 함께할 미래
　　　연출 나원식
　　　작가 민혜진, 김선하

4장 • 누구나 천재가 될 수 있는 시대
　　　연출 이다솔
　　　작가 이윤정, 정다솜

5장 • 4차 산업혁명, 도대체 어떻게 준비해야 하나
　　　연출 손현철
　　　작가 박민경

6장 • 방 안에 들어온 코끼리를 어떻게 할까
　　　연출 박지은
　　　작가 이지현

7장 • 대륙의 딜레마, 중국 경제 위기론
　　　연출 박지은
　　　작가 민혜진, 이지현

8장 · 무엇도 두렵지 않은 2억 명의 젊은이들
      연출 최진영
      작가 김남희, 정은총

9장 · 왜 우리는 온순한 양이 되어갈까
      연출 최진영
      작가 정윤미, 유수진

10장 · 지식의 폭발 이후, 어떤 교육이 필요한가
      연출 배선정
      작가 정윤미, 유수진

리서처 조혜선, 이근영, 최주희, 조은희, 이유리, 송아람
조연출 이지선, 김영지
유닛매니저 최철, 한기정
명견만리 미래참여단 서포터즈 이룸
도움 이정호

독서참여단(가나다 순)
강다현, 권선희, 김동현, 김소라, 김용림, 김재호, 김종, 김지영, 김지혜, 김하택, 김해나, 김혜영, 나원중, 노명주, 문경애, 박광식, 박수연, 박은주, 서민석, 송은빈, 안태규, 윤혜리, 윤혜선, 이경준, 이미선, 이미송, 이민우, 이승진, 이정현, 이현아, 임상윤, 임정희, 임현수, 조경숙, 조미순, 지윤광, 차효석, 최지원, 최현철, 표순혜, 한혜성

명견만리

향후 인류에게 가장 중요한 것들을 말하다

• 인구, 경제, 북한, 의료 편 •

명견만리
새로운 사회 편

지금까지 경험하지 못한 새로운 사회를 말하다

• 정치, 생애, 직업, 탐구 편 •

1부 정치 Politics

---

1 장 당신은 합의의 기술을 가졌는가
기하급수적으로 늘어나는 갈등비용, 우리는 선과 악의 대립에서 벗어날 수 있는가
엄청난 규모의 갈등비용을 치르지 않으려면 이 기술을 배워야 한다.

2 장 이제 정치에 대해, 그 어떤 것도 예측하지 마라
계몽과 대의의 시대를 넘어, 무섭게 폭발하는 참여의 열망
기성 정치는 도저히 따라올 수 없는 새로운 정치 시스템이 도래하고 있다.

교보문고 북모닝CEO 최다 조회 강의

네이버 출간 전 연재 45만 조회

**대기업 마케터부터 창업자들까지 열광한 기적의 강의
그 핵심을 담은 9가지 법칙**

"사람이 '좋다'라고 느끼는 것은 오감을 통한 본능적인 판단이다.
그러나 그 아래에는 치밀하고 과학적인 법칙이 숨어 있다."

좋아 보이는 것들의 비밀
보는 순간 사고 싶게 만드는 9가지 법칙

이랑주 지음 | 280쪽 | 15,000원

무릎을 치는 통렬한 깨달음과 뒤통수를 얻어맞은 듯한 색다른 관점이 곳곳에 숨어 있다. 저자의 놀라운 생각의 '발로'가 모두 '발로' 뛰어다니면서 현장에서 건져 올린 살아있는 깨달음의 보고이기 때문이다. 처음에는 '일리' 있는 이야기처럼 들리다가 결국 가슴을 파고들며 마음을 뒤흔드는 마케팅과 브랜딩에 관한 만고불변의 '진리'가 이 책에 숨어 있다. 한번 잡으면 손을 뗄 수 없는 지독한 책이다.

– 유영만(지식생태학자, 한양대 교수, 전 삼성경제연구소 책임연구원)

연속 51주, 역대 최장기간 베스트셀러 1위
대한민국 베스트셀러의 역사를 다시 쓰다!

모든 고민은 인간관계에서 비롯된다
모든 기쁨도 인간관계에서 비롯된다

**"타인에게서 미움받은 것도
타인을 사랑하는 것도 두려워 마라
모든 것은 용기의 문제다!"**

미움받을 용기 1·2

기시미 이치로 · 고가 후미타케 지음 / 전경아 옮김 / 각 권 14,900원

"아들러의 사상은 한 사람의 일생을 바꾸는 힘이 있습니다.
여러분에게 필요한 것은 한 발을 내딛는 '용기', 그것뿐입니다.
이 책이 여러분이 용기를 내고 변화하는 데 도움이 되었으면 합니다."

— 저자의 말 중에서

명견만리 미래의 기회 편 윤리, 기술, 중국, 교육 편

초판 1쇄 발행 2016년 9월 19일
초판 29쇄 발행 2019년 7월 2일

지은이 | KBS 〈명견만리〉 제작팀
발행인 | 문태진
본부장 | 서금선
책임편집 | 임지선   편집2팀 | 김예원 임지선 정다이
표지디자인 | 석운디자인   본문디자인 | 윤지예 박보희
글도움 | 배영하 이정은

기획편집팀 | 김혜연 이정아 박은영 오민정 전은정   저작권팀 | 박지영
마케팅팀 | 양근모 김자연 이주형 정세림 정지연   디자인팀 | 윤지예
경영지원팀 | 노강희 윤현성 이보람 유상희
강연팀 | 장진항 조은빛 강유정 신유리
오디오북기획팀 | 이화진 이석원 이희산 박진아

펴낸곳 | ㈜인플루엔셜
출판신고 | 2012년 5월 18일 제300-2012-1043호
주소 | (06040) 서울특별시 강남구 도산대로 156 제이콘텐트리빌딩 7층
전화 | 2)720-1034(기획편집) 02)720-1024(마케팅) 02)720-1042(강연섭외)
팩스 | 02)720-1043 전자우편 books@influential.co.kr
홈페이지 | www.influential.co.kr

ISBN 979-11-86560-20-4 (04320)
(SET) 979-11-86560-21-1 (04320)

이 도서의 국립중앙도서관 출판예정도서목록(CIP)은 서지정보유통지원시스템 홈페이지(seoji.nl.go.kr)와 국가자료공동목
록시스템(www.nl.go.kr/kolisnet)에서 이용하실 수 있습니다. (CIP제어번호 CIP2016019975)

* 인플루엔셜은 세상에 영향력 있는 지혜를 전달하고자 합니다. 참신한 아이디어와 원고가 있으신 분은 연락처와 함께
  letter@influential.co.kr로 보내주세요. 지혜를 더하는 일에 함께하겠습니다